影响历史的著名船只

YINGXIANG LISHI DE
ZHUMING CHUANZHI

武鹏程
编著

图说海洋
TUSHUO HAIYANG

世界之大，无奇不有
世界之奇，尽在海洋

海洋出版社
北京

图书在版编目（CIP）数据

影响历史的著名船只 / 武鹏程编著. — 北京：海洋出版社，2025.1. — ISBN 978-7-5210-1405-1

Ⅰ.U674-091

中国国家版本馆CIP数据核字第2024E242M7号

图说海洋
影响历史的著名船只
YINGXIANG LISHI DE ZHUMING CHUANZHI

总 策 划：刘 斌		总编室：(010) 62100034	
责任编辑：刘 斌		网　　址：www.oceanpress.com.cn	
责任印制：安 淼		承　　印：侨友印刷（河北）有限公司	
排　　版：海洋计算机图书输出中心 晓阳		版　　次：2025年1月第1版	
		2025年1月第1次印刷	
出版发行：海洋出版社			
地　　址：北京市海淀区大慧寺路8号		开　　本：787mm×1092mm 1/16	
100081		印　　张：10	
经　　销：新华书店		字　　数：180千字	
发 行 部：(010) 62100090		定　　价：59.00元	

本书如有印、装质量问题可与发行部调换

前　言

船作为一种水上交通工具，经历了独木舟时代、帆船时代和蒸汽机船时代，一直到如今以燃油和各种新能源为动力的时代，它承载着人类接触自然和征服海洋、征服世界的梦想。

在我国古代，伏羲发明的"筏"、春秋时期出现的大翼战船、隋朝时期出现的五牙大战舰、唐朝时期纵横无敌的海鹘和明朝时期的郑和宝船，无不说明我国先人的智慧以及造船技术的先进。

在国外，征服者威廉乘坐"莫拉"号夺取英国王位，哥伦布乘坐"圣玛丽亚"号发现美洲新大陆，麦哲伦乘坐"特立尼达"号进行环球航行，德雷克驾驶"金鹿"号纵横于大西洋，"黑胡子"驾驶着"安妮女王复仇"号让人闻风丧胆，纳尔逊指挥"胜利"号所向披靡，达尔文乘坐"小猎犬"号思索着进化论的奥秘。

除此之外，马尼拉大帆船延续了海上丝绸之路，御用黄金船承载着威尼斯人的海洋之梦，"五月花"号体现了美国的移民精神，"阿芙乐尔"号打响了"十月革命"第一枪，而"石勒苏益格－荷尔斯泰因"号则打响了第二次世界大战的第一炮，每一艘名舰背后都隐藏着许多趣事。

本书以船为切入点，讲述其影响历史的背后故事，它们有些因探险发现、有些因科技更迭、有些因海战、有些因灾难而出名，更有些承载着厚重历史，而这些船只也因这些故事而让世人铭记。

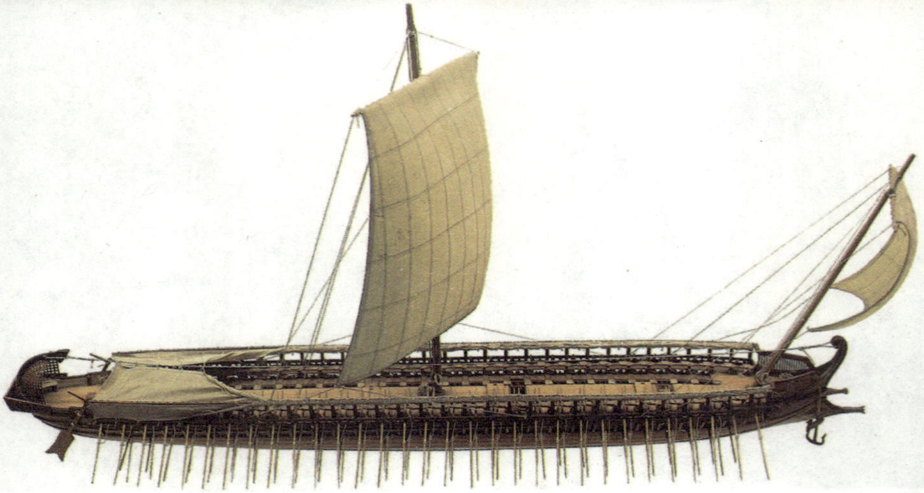

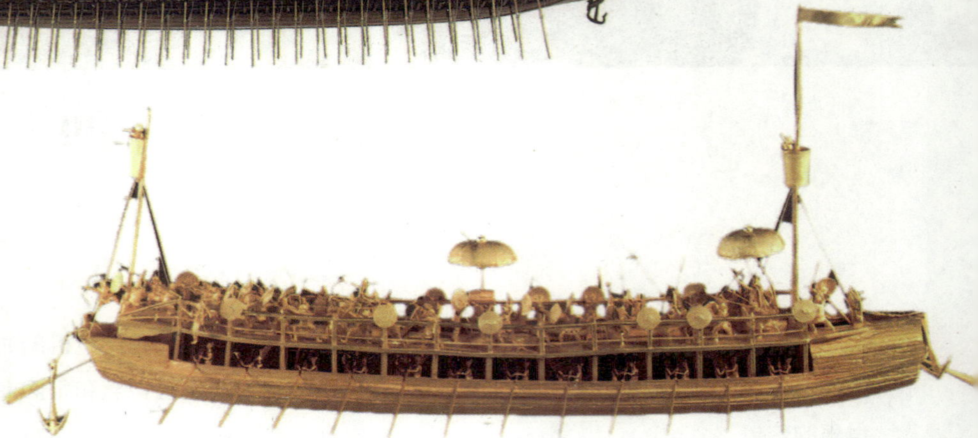

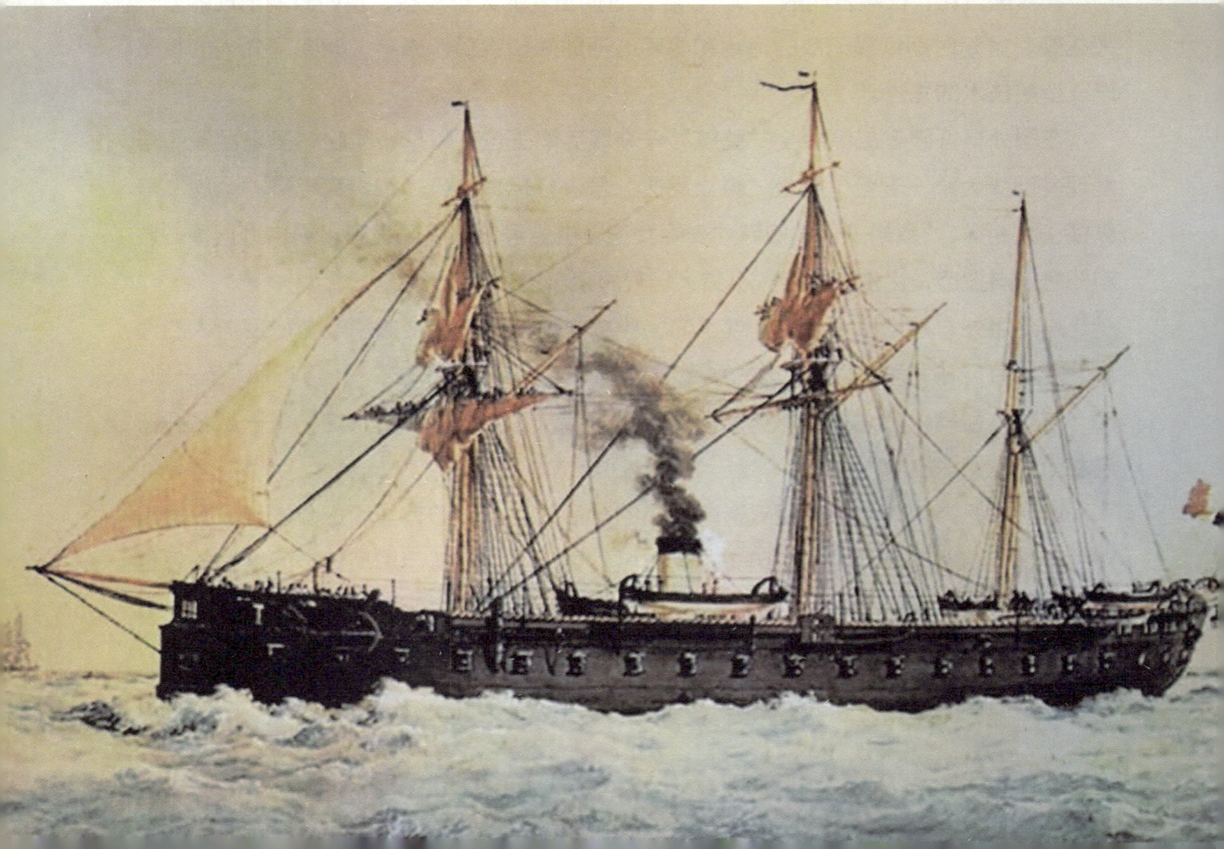

目　录

独具特色的船

古埃及太阳船 —— 世界上已经发现的最古老的船只之一　/1
大翼战船 —— 中国船称雄世界的基石　/6
乌鸦式战舰 —— 罗马海军战胜迦太基的法宝　/8
御用黄金船 —— 威尼斯的豪华礼舟　/13
海鹘 —— 唐代全天候战船　/16
维京战船 —— 维京人的辉煌　/20
郑和宝船 —— 当时世界上最大的旗舰　/25
龟船 —— 朝鲜壬辰卫国战争中的"王牌"战舰　/28
贡多拉 —— 威尼斯独特的"车"　/30
马尼拉大帆船 —— "海上丝绸之路"的延续　/33

名人名船

"莫拉"号 —— 征服者威廉的旗舰 /38

"圣玛丽亚"号 —— 哥伦布发现新大陆时的旗舰 /43

"特立尼达"号和"维多利亚"号 —— 麦哲伦环球航行的功臣 /48

"金鹿"号 —— 英国海盗德雷克的旗舰 /55

"复仇"号 —— 打败西班牙无敌舰队时的旗舰 /60

"安妮女王复仇"号 —— 海盗"黑胡子"的旗舰 /65

"幻想"号 —— 海盗王埃夫里的旗舰 /75

"胜利"号 —— 英国皇家海军名将纳尔逊的旗舰 /80

"小猎犬"号 —— 达尔文的科考船 /84

名船事件

"五月花"号 —— 美国历史的开端 /90

定远舰、镇远舰 —— 北洋水师的"第一等之铁甲巨舰" /95

致远舰 —— 甲午战争中英勇赴义的战舰 /104

"泰坦尼克"号 —— 永不沉没的船首航即沉没 /109

"阿芙乐尔"号 —— 打响"十月革命"第一炮 /112

科技革新

"大亨利"号 —— 世界上第一艘真正意义上的风帆炮舰 / 119

隐蔽的鳗鱼 —— 世界上第一艘成功的潜艇 / 122

"海上君王"号 —— 战列舰的起源 / 127

乌龟艇 —— 世界上第一艘投入实战的潜艇 / 132

"克莱蒙特"号 —— 蒸汽船走到世界舞台中心 / 136

"勇士"号 —— 世界上第一艘装甲战列舰 / 140

"鹦鹉螺"号 —— 世界上第一艘核动力潜艇 / 144

"竞技神"号 —— 世界上第一艘水上飞机航空母舰 / 146

"暴怒"号 —— 世界上第一艘改装型航空母舰 / 150

古埃及太阳船

世界上已经发现的最古老的船只之一

古埃及太阳船是世界上已经发现的最古老的船只之一,它被埋藏在金字塔旁4500年之久,直到1954年,人们才发现了这艘充满神秘色彩的船只。

古埃及文明的创造者虽然消失于世,但是他们却在尼罗河两岸的沙漠之上留下了谜一样的吉萨金字塔群,在这些金字塔中最大的一座胡夫金字塔旁曾出土了一艘古埃及时期的太阳船。

不平凡的太阳船

这艘太阳船出土后,刚开始被放置在胡夫金字塔旁边用玻璃搭建的太阳船博物馆内,后来挪至埃及吉萨省的大埃及博物馆内。这艘太阳船的材料是黎巴嫩雪松,因为古埃及不

❖ **胡夫金字塔**

胡夫金字塔是古埃及金字塔中最大的金字塔。塔高146.59米,因年久风化,顶端剥落10米,现高136.5米,相当于40层大厦高。大小不等的石料重达1.5~50吨,塔的总重量约为684万吨,它是埃及发现的110座金字塔中最大的。

独具特色的船

长树木，这种木材在 4500 年前的古埃及非常昂贵，由此也显示了这艘船绝不平凡。太阳船的船体长 45 米，宽 5.6 米，以如今的造船技术来说，这种规格的船只并不稀奇，但是在古埃及时期，这可以算得上是超级巨舰了。太阳船两头尖翘，有点像维京人的龙头船，船身飘逸流畅，但是它的结构却非常特殊，其船身巨大却没用一颗钉子，也非榫卯结构，却能下水航行。从发现它开始，专家们花费了 13 年才将其复原。

发现古埃及太阳船

胡夫金字塔又称吉萨大金字塔，始建于公元前 2580 年，是古埃及法老胡夫的金字塔，也是埃及现存规模最大、最高的金字塔，它位于距离埃及首都开罗西南约 10 千米远的吉萨高地。

❖ 太阳船博物馆中的太阳船

维京人的龙头船的船头和船尾都会向上翘起，与古埃及太阳船的船头和船尾很相似。

❖ 维京人的龙头船

❖ **太阳船博物馆**

太阳船博物馆修建在太阳船出土的原址上，是由英国人资助建造的。如今太阳船已经被挪至埃及吉萨省的大埃及博物馆。

1954年，埃及考古学家在胡夫金字塔旁边清理碎石时，无意中发现其南侧18米处的土层下有两个巨大的长方形石坑，其中，东边的石坑上覆盖着代表古埃及41个州的41块石板，搬开石板后，坑内是摆放有序的1224块木板，考古学家几乎一眼就看出这些木板是拆散的船只部件，但是这些部件周围没有铁钉，也无榫卯结构，对专家们来说，复原它是个难题。

太阳船是由草绳捆扎而成

尽管太阳船的形制保存完好，很容易就能看出船的样子，但是复原它却让专家们伤透了脑筋，专家们整整花了13年，翻阅了古埃及的相关资料以及世界各地造船的书籍，终于从木筏和竹筏的捆扎技术上获得灵感。专家们用古法制作了大量的草绳，然后用这些草绳将1224块木板按顺序捆绑固定，终于完成了太阳船的复原，这看似儿戏

❖ **法老胡夫雕像**

胡夫全名胡尼胡夫（公元前2598—前2566年），是埃及第四王朝（公元前2613—前2494年）第二位法老，希腊人称他为奇阿普斯，是法老斯尼夫鲁和妻子赫特弗瑞丝的儿子，赫特弗瑞丝的父亲是第三王朝的最后一位法老。法老是古代埃及奴隶主贵族的领袖，相当于国王，他可能是世界上最早的独裁者之一，胡夫在位的时间说法不一，最普遍的说法是23年（公元前2590—前2568年）。

的做法却是古埃及人的智慧结晶，他们利用木板遇水会膨胀、草绳遇水会收缩的原理，将由草绳捆绑的船只变得密封。

专家们不仅复原了太阳船，而且还将其放入水中，不仅不漏水，而且还能航行，让人不得不惊叹古埃及人的造船工艺之精湛。

❖ 1954年太阳船被发现时的样子

1987年，在胡夫金字塔南侧西面的石坑里也发现了一艘太阳船。

拉神的传说

太阳船是古埃及神话中太阳神拉神的专属船只，每当夜色降临，拉神就会乘坐太阳船进入冥河，经过一夜的航行，沿途打败形形色色的妖魔鬼怪，通过象征12小时的12道城门，才能化身太阳神，进入尼罗河巡视，给人类带来幸福和安祥。

❖ 壁画：拉神驾驶着太阳船

在古埃及人的信仰中有两条河：一条是象征光明和生命之源的尼罗河，另一条是代表黑夜和地狱的冥河。拉神驾驶太阳船夜渡冥河，成了太阳神，并且演绎了一出战胜妖魔、克服困难、迎接黎明的优美传说。

❖ 壁画：胡夫驾驶太阳船

颇具传奇色彩的太阳船

古埃及太阳船是迄今为止发现的人类最古老的船只之一。在古埃及神话中，拉神是埃及最高的神——太阳神，他是造物之主、众神之主，深得人类的爱戴和颂扬，以至于古埃及的法老们也纷纷以拉神自居。

古埃及人认为世界是由水而生，根据拉神夜渡冥河的传说建造了这艘太阳船。考古学家们认为，这艘发掘的太阳船可能是法老胡夫的葬船，它载着法老胡夫的遗体，从尼罗河顺流而下，把法老护送到最后的安息之地。同时，这艘太阳船又是超度法老灵魂的永生之船，预示着法老乘坐太阳船，渡过冥河即可获得重生。

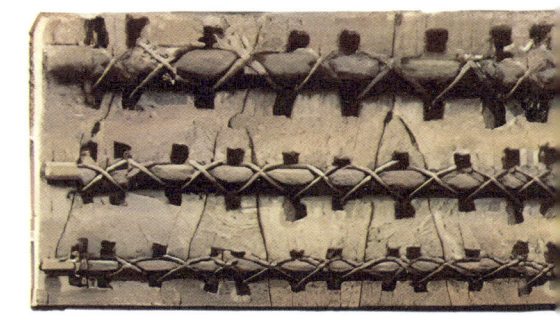

❖ 草绳捆绑太阳船的方法细节

❖ 壁画：古埃及船只

大翼战船

中国船称雄世界的基石

"大翼"是由春秋时期吴国建造的大型战船，它是我国古代的一种水上作战用船舶，相当于陆战时的大型战车，是我国最早出现的战船之一。

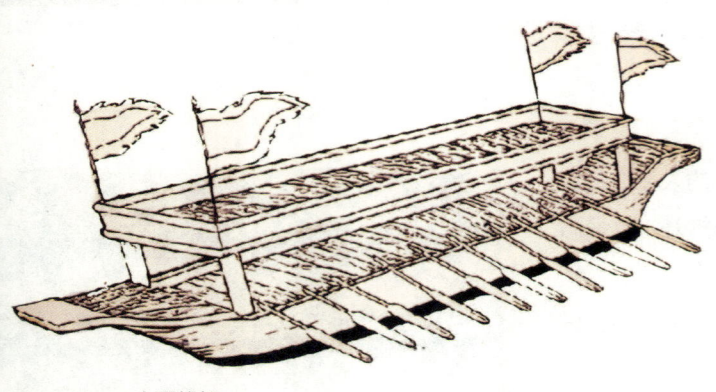

❖ 大翼战船

据《越绝书》记载，春秋时期吴国的战船有"大翼""中翼""小翼"以及"楼船""突冒""桥船"等不同类型，其中"大翼"战船是最具代表性的船型之一。

大翼成为吴国水军的主力战船

春秋晚期，位于我国东南地区、倚江傍海的吴国和越国相继强大了起来，彼此成为对方争霸中原的绊脚石，因此双方都想将对方消灭，两国之间大小战争不断。

公元前496年，吴国在"槜李之战"中输给了越国，吴王阖闾身受重伤，死于败退途中，其子夫差继位为吴王。夫差登基后重用伍子胥和孙武，经过两年多的努力，吴国军队的战斗力迅速增强，尤其是伍子胥重视大舟作为水战的主力，花重金打造了一批战斗力极强的大型战船——大翼，作为吴国水军的主力战舰，使吴国更增强了战胜越国的信心。

夫椒之战：大翼战船大放异彩

公元前494年的春天，越王勾践听说吴国日夜练兵，准备寻仇伐越，于是先发制人，趁吴国未出兵，抢先伐吴。吴王夫差闻讯，派遣全部水、陆大军迎战越国大军，双方在夫椒（今江苏苏州市西南太湖中的椒山）相遇，发生了夫椒之战。

> 我国古代交通不发达，北方人出行主要靠马车，而南方人则常靠船只出行，因此古人有"北人走马，南人行船"的说法，这些特点也体现在各地战争之中，如北方人善于陆战，善用战车；而南方人则因水道密布或沿海而居，更善于驾船征伐。

> 槜李是吴越争霸期间越国的边陲重镇，如今位于浙江省嘉兴市的西南，常被认为是吴越的分割点。

吴国兵分两路，陆路由孙武统领，将越王勾践的大军杀得大败，越军企图合兵从水路攻击吴军，岂料被吴国水军拦截。

水路由伍子胥指挥，他乘坐一艘"大翼战船"，见越王勾践的大军从水路蜂拥而至，于是发出作战号令，吴国上千艘战船以"大翼战船"为首，将越王勾践带领的大军团团围住。一时间，水面上战鼓四起，吴国的"大翼战船"猛烈冲撞越军舰船，同时万箭齐发，越军面对身披犀牛皮制成盔甲的吴国手持弓、斧、矛、盾、剑的士兵，毫无招架之力，越王勾践最后命人点燃战船，靠火攻才冲出吴军包围，而吴军则乘胜追击，在水军和陆军的配合下，攻入了越国都城会稽，越王勾践被迫投降，成了吴国的人质。

❖ 黄金打造的"大翼战船"
上海中国航海博物馆历史馆陈列着一艘由3千克24K纯金打造的长43厘米、宽13厘米、高16.6厘米的春秋时期吴国"大翼战船"的模型。

"大翼战船"在水战中具有跨时代意义

吴国的"大翼战船"在夫椒之战中大放异彩，此后很长一段时间里，大翼作为吴国战船体系中的大型快速攻击战船，为吴国争霸江南以及中原立下汗马功劳，成为春秋后期各国效仿建造的战船之一。

如今，"大翼战船"的详细数据已经无从查找，船史专家、考古学家就出土船只和史书记载分析认为，"大翼战船"长约27.6米，宽约3.68米，长宽比为7.5，船体修长，用人力推进，配备50名划桨手，航行时船行如飞。

据历史专家分析，"大翼战船"的出现在水战中具有跨时代意义，它是春秋的历史重心向南方地区转移的重要证据。

❖ "大翼战船"模型

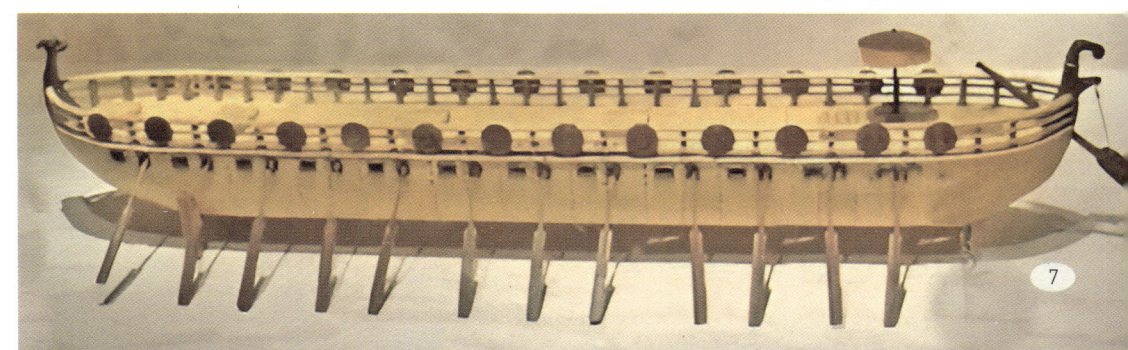

乌鸦式战舰

罗马海军战胜迦太基的法宝

迦太基是一个古老的海上民族，善于海战，在扩张的过程中将战火烧到了罗马共和国本土，而罗马人善于陆战却不善于海战，为了能打败迦太基，罗马人在战舰船头安装了一个"乌鸦吊桥"，用以在作战中勾住对方的舰船，进行接舷战，从而发挥罗马陆军的威力。

地中海曾被戏称为"上帝遗忘在人间的洗脚盆"，可这个"洗脚盆"不仅不臭，还非常伟大，因为它不仅是欧洲文明的发祥地，更是古代诸多文明演绎的舞台。公元前3世纪，罗马共和国就曾在此与迦太基展开了生死较量。

迦太基将战火烧到了罗马共和国的本土

根据考古证据，迦太基是海上民族腓尼基在北非建立的城邦国家，约公元前9世纪建城，约公元前8—前6世纪时，迦太基人一边向非洲内陆扩张，一边通过地中海向西班牙南部、撒丁岛、科西嘉岛及西西里岛等地殖民，

古代的腓尼基并非指的一个国家，而是指整个地区。腓尼基从未形成过统一国家，城邦林立，以推罗、西顿、乌加里特等为代表。

❖ 腓尼基人的符号
❖ 腓尼基人的航海壁画

并称霸了地中海西部，与当时的希腊分庭抗礼。不仅如此，迦太基人还开始横行于意大利西海岸，将战火烧到了罗马共和国的本土。

罗马共和国拥有了自己的海军

罗马共和国从地中海沿岸逐渐发展，慢慢强大，面对海上强国迦太基的挑衅，为了获得更多的生存空间，只能硬着头皮和它战斗。罗马共和国苦于没有像样的海军，对迦太基没完没了的骚扰很头疼，这样的状态如果持续下去，迦太基的海军迟早会将拥有大规模陆军的罗马共和国拖垮。所以，罗马元老院提供了专项资金发展海军。

公元前260年，罗马共和国决定集中力量建立一支强大的海军以扭转海上劣势。

罗马元老院专门从大希腊区和叙拉古招募希腊工匠，很快建立了自己的造船厂，又搜集了大量迦太基人废弃的战舰，然后通过拆解、学习研究，在短短60天内，就成功地建造了100艘五列桨战船和200艘较小的三列桨战船，成立了罗马海军。

❖ 三列桨战船石刻画

据古希腊历史学家的记载，早期海战主要用的战略是"碰碰车"，航速可能超过7节（即每小时7海里，约为每小时13千米）。使用这个速度可以给予敌船以巨大的冲撞力，如撞击敌方舰只的侧翼，可以非常有效地杀伤敌方的战舰，从而获得海战的胜利。

三列桨战船是古代地中海上常见的战船。战船每边有3排桨，一个人控制一支桨。荷马在《奥德赛》里描写的船只，几乎可以肯定就是公元前8世纪希腊的船只，也就是古罗马和迦太基使用的船只，主要分两种：20桨的轻型船和50桨的战船。当时的船约35米长，速度可以达到8~9节。船上配有桅杆和四方帆，在风向合适时使用。桅杆插在龙骨上，海战前放倒，可能的话，桅杆、索具和帆等都会放到岸上，以减轻作战时的重量。

❖ 三列桨战船

❖ 罗马海军，来自梵蒂冈博物馆的壁画

罗马共和国与迦太基的海上首战

　　罗马人有了自己的海军，而且舰船体型巨大，数量上也占据优势，罗马执政官格奈乌斯·科尔涅利乌斯·西庇阿更是信心满满地率领17艘战船作为先头部队，驶向墨西拿海峡，胜利攻下了利帕里岛。

　　很快，迦太基海军派出20艘战船前去夺回利帕里岛，迦太基人在夜里封锁了海港的入海口，双方爆发了激烈的战斗，罗马战船体型巨大，没有迦太基的战船灵活，加上罗马人并不善于海战，很快战败，包括西庇阿在内的大部分罗马将士被俘。

"乌鸦式战舰"出现

　　罗马共和国在与迦太基的首次海上交战中失利，并暴露了罗马海军的弱点——不善海战。为了将陆军的优势放大，罗马人在所有战船的船首竖立了一根木杆，木杆上用滑轮和

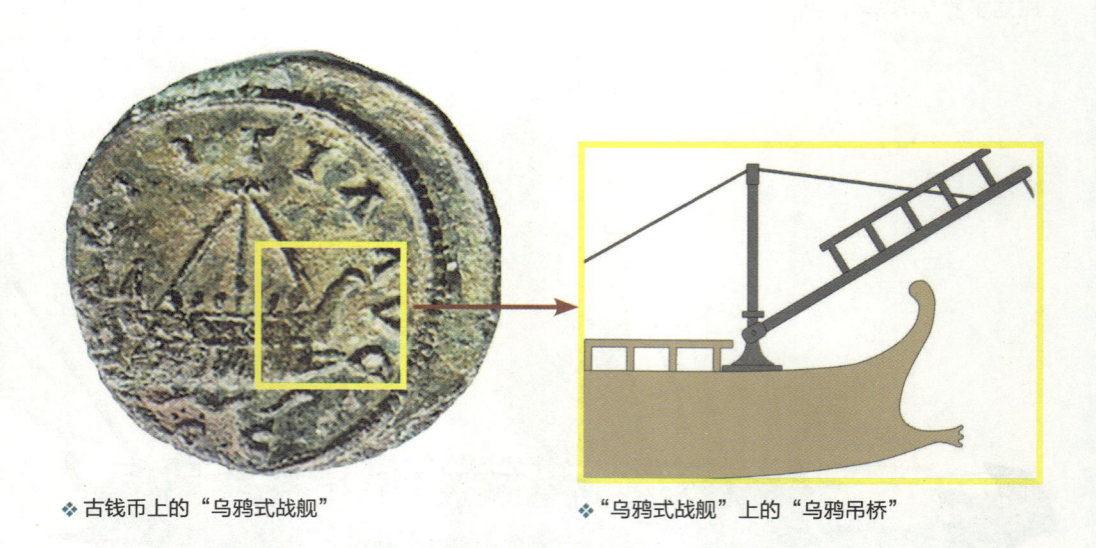

❖ 古钱币上的"乌鸦式战舰"　　　　❖ "乌鸦式战舰"上的"乌鸦吊桥"

10

绳索固定了一个可以转向的吊桥，吊桥顶端安装有铁钩，用来勾住前方的敌船，一旦得手，罗马陆军士兵就可以通过吊桥冲上敌船展开肉搏战，充分发挥罗马陆军的威力。因为这种吊桥顶端的铁钩形状酷似乌鸦嘴，因此被称为"乌鸦吊桥"，而这种战舰则称为"乌鸦式战舰"。

"乌鸦式战舰"发挥了威力

公元前260年，罗马执政官G.杜伊利乌斯率领的罗马舰队与迦太基舰队（130艘战船）在米拉海角附近遭遇，迦太基人仗着战船航速快、机动性好、人员训练有素，采用撞击战术。罗马人则在杜伊利乌斯的指挥下，沉着地靠近敌船，然后立即放下"乌鸦吊桥"，勾住敌船甲板，罗马士兵迅速冲上敌船与敌人格斗。

❖ "乌鸦式战舰"紧紧咬住了迦太基战舰

❖《斯巴达300勇士：帝国崛起》——剧照

在古代海战中撞角是必不可少的设计，其攻击方式主要是利用锋利的尖锐撞角、攻城锤式撞角等，对敌方战舰的舰体造成损伤，或高速驶过敌方战舰的一侧，撞断敌方战舰的船桨使其失去行动能力。这一点在电影《斯巴达300勇士：帝国崛起》中有淋漓尽致的体现。

除此之外，"乌鸦吊桥"也是古代海战的秘密武器，它能勾住敌舰，使其不能逃脱，将海战变成"陆地对抗战"，这对人高马大的罗马陆军士兵来说，无疑大大提高了战斗力。

第一次布匿战争期间，罗马舰队与迦太基舰队在西西里岛东北岸米拉（今米拉佐）海角附近进行的海战被称为米拉海战。此战罗马人充分发挥自己的优势，将陆军变为海军，夺得了罗马海战历史上的首次胜利。

❖米拉海角（今天的米拉佐）

迦太基人的战船被罗马战船上的"乌鸦吊桥"死死咬住，无法脱身，船上的海军士兵随即遭到不断涌入的罗马士兵强攻。毫无思想准备的迦太基舰队被罗马舰队的新式武器打败，有近50艘战舰被摧毁和缴获，超过万人死伤及被俘，残余将士只得仓惶逃跑。此后，罗马海军便依靠"乌鸦式战舰"不断打击迦太基海军，蚕食迦太基的领地，渐渐地掌控了地中海。

御用黄金船

威 尼 斯 的 豪 华 礼 舟

御用黄金船是专为威尼斯"海亲节"或一些重要庆典活动制作的"加莱船",作为一艘华丽的礼舟,"御用黄金船"全船装饰非常奢华,甚至连船桨都被涂成金色。

❖ 1890年木刻版画《威尼斯御用黄金船》

威尼斯人自古以来就将大海视为"新娘",将航海贸易获得的财富视为"新娘的嫁妆",因此,威尼斯每年都会举办"海亲节",由市长乘坐奢华的"御用黄金船",在大批"贡多拉"的簇拥下,扬帆驶向大海迎娶大海新娘,期望大海能在新的一年庇佑威尼斯人不被汹涌的波涛吞噬,同时能给威尼斯人带来更多的"嫁妆"。

最早来到威尼斯这片潟湖的人们"无土可耕,无石可采,无铁可铸,无木可巢",但他们靠海吃海。威尼斯人靠食盐贸易,赢得了"第一桶金"。而后,威尼斯人依靠航海贸易,游走于欧、亚、非三洲之间,贩卖东方的丝绸和香料、西方的木材和铁矿石。到13世纪末,威尼斯已经拥有3300艘商船,成为欧洲与阿拉伯贸易的主要中心。

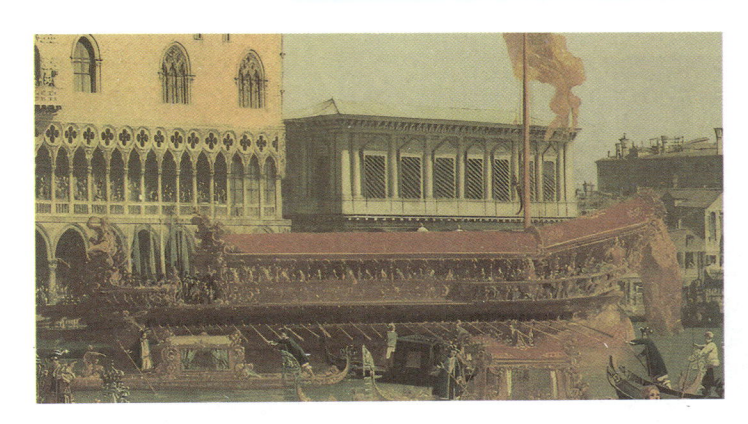

❖ 威尼斯的"御用黄金船"

❖ 皮耶托·奥赛罗二世

皮耶托·奥赛罗二世为威尼斯疆域和贸易版图的开拓做出了巨大贡献，为了庆祝胜利，因此有了威尼斯的"海亲节"，但是他在统治后期想任命儿子为联席元首，为子承父业打基础而未果，殃及子孙都被赶出威尼斯。

威尼斯尽管城区实地面积不过 7.8 平方千米，但在中世纪和文艺复兴时期，它是欧洲最繁华的城市之一，也是地中海贸易的枢纽，每年的财政收入超过当时的英国和西班牙。

"海亲节"已有 1000 多年历史

威尼斯地处潟湖之中，土地极为稀少且贫瘠，为了更好地生存，当地人只能把目光投向宽广的大海，并通过航海贸易成为世界上最早的海上帝国。在鼎盛时期，从亚得里亚海到爱琴海，整个东地中海地区都是威尼斯共和国的天下。因此，威尼斯人对大海的感情非常炙热，如同爱情一般，堪称举世无双。

"海亲节"是威尼斯最重要的节日之一，在复活节之后的第 40 天举办，因而也被称为耶稣升天日庆典。

"海亲节"这一仪式始于公元 1000 年左右，当时威尼斯在元首皮耶托·奥赛罗二世的领导下领土东扩，并成功地控制了达尔马提亚地区，因此举办了庆祝仪式，皮耶托·奥赛罗二世率领船队出海，祈祷海上航行安全，后来这种仪式便每年举行一次。1177 年，教皇亚历山大三世拿出一枚戒指，请威尼斯元首在"海亲节"中举行将戒指扔入大海的仪式，此后，每年向大海扔戒指逐渐成为和大海"结婚"的仪式，并由元

❖ 威尼斯"海亲节"

首宣布威尼斯和大海永不分离。后来，又逐渐形成每过100年左右，威尼斯就会耗巨资建造一艘专供元首主持"海亲节"或者其他重大庆祝活动的豪华大船——"御用黄金船"的风俗。

最后一艘"御用黄金船"

"御用黄金船"又被称为礼舟，历史上威尼斯一共建造了4艘，其中，建于1729年的最后一艘最奢华，其长约35米，高8米，船身由黄金和红色天鹅绒装饰，犹如一座漂浮在海面上的宫殿，其航行时需要168名桨手和40名船员配合。每当"海亲节"时，"御用黄金船"在众多"贡多拉"的簇拥下前行，场面非常宏大。

1797年5月12日，拿破仑率大军占领威尼斯，威尼斯共和国宣告灭亡，这艘威尼斯引以为傲的"御用黄金船"也于第二年被拿破仑下令摧毁，法国士兵将"御用黄金船"上附着的装饰肢解、切割成小块，然后用大火整整烧了3天，提炼出大量的黄金。据记载，当时法国士兵用400多头骡子才将提炼出来的黄金拉走。之后，"御用黄金船"被拿破仑改装为战船，后来又改成关押战俘的水上监狱，再后来"御用黄金船"就失去了记录，它如同威尼斯曾经的光辉历史一般被人逐渐遗忘。

"御用黄金船"虽然被法国人毁坏了，威尼斯也被并入了意大利，威尼斯的"海亲节"却被保留了下来。每年5月，威尼斯市长都会乘坐"礼舟"，在"贡多拉"的簇拥下驶向大海，然后将一枚戒指抛入海中，尽管盛况不如从前，但是，这个仪式依旧代表着威尼斯人对大海"新娘"的敬畏。每年这时都会吸引大量的游客和商人前来参加。

❖ 教皇亚历山大三世

从687年威尼斯建立共和国，到1797年被拿破仑灭国，在长达1100多年中，威尼斯共和国保持了同一个政体，这绝对是一项世界纪录。

❖ 威尼斯"御用黄金船"的船首代表正义的女神雕像

海鹘

唐代全天候战船

《尔雅·释鸟》中说"鹘"是鹘鸠、鹘鹘，是古书中记载的一种短尾、青黑色海鸟。海鹘则是模仿这种海鸟而制造的战船。

在很长一段历史时期，中国都是世界上造船技术最厉害的国家。随着科学技术的传承、进步和发展，唐朝时出现了海鹘，它以优越性能著称于世，代表了唐朝最先进的造船技术。

长得像"鹘"的唐代战船

据北宋军事书籍《武经总要》记载，海鹘头低尾高，前大后小，就像鹘一样。现代造船设计师根据历史记载复原了唐代海鹘，船长30.7米，宽9米，船深4.3米，船身被分为10个水密舱。全船可以载士兵108人，水手42人。

据史书记载，海鹘的左、右两侧设置了浮板，看上去犹如鹘的双翼，它能使船只在航行中更平衡和稳定，可以在狂风恶浪中平稳作战。海鹘的左、右两侧还用"生牛皮为城"，生牛皮对船体起着防护作用。此外，海鹘的甲板上插有各类牙旗，还设有大型战鼓，以便战时击鼓以张其势。

海鹘是一种结构坚实、战斗力强、能冲击敌舰的唐代新型战船。历史学者和军事学者认为海鹘是一种全天候战船，它能适应各种环境，可以在江河和大海中航行作战，是唐代最著名的战船之一。

❖ **瓷器上的鹘**
鹘的翅膀宽而短，脚和尾长，常见于全球的森林地区，巢筑于高大的树上，由树枝构成，巢内垫以柔软的材料。

唐朝时造船业非常发达，仅官方就有很多造船基地，如宣（今安徽宣城）、润（今江苏镇江）、常（今江苏常州）、苏（今江苏苏州）、湖（今浙江湖州）、杭（今浙江杭州）、越（今浙江绍兴）、台（今浙江临海）、婺（今浙江金华）、江（今江西九江）、洪（今江西南昌）、扬（今江苏扬州）等地。南方沿海的福州、泉州、广州，东方沿海的登州（今山东烟台），这些造船基地设有造船工厂，能造各种大小船只、海船、战舰等。

据北宋初著名学者陈致雍的《海物异名记》记载："越人水战，舟名海鹘。急流浴浪不溺。"

❖ 北宋兵书《武经总要》中绘制的海鹘插图

海鹘在白江口之战中大显身手

在我国唐朝时期，朝鲜半岛被高句丽、百济、新罗分割，这3个国家都统一过朝鲜半岛。高句丽、百济是由南下的扶余人建立的政权，而建立新罗的是朝鲜半岛的原住民，和唐朝关系比较好。于是，同为扶余人建立的高句丽和百济时常会派兵入侵新罗，不甘被欺的新罗向唐朝求援，公元655年，唐朝派兵先后打败了高句丽，并消灭了百济。

百济被唐朝灭国之后，其残余势力向日本求援，想借此复国。此时，日本因"大化改新"，国力日趋昌盛，野心萌发，于是很爽快地答应了百济的求援。随后，日本便分4次往朝鲜半岛派出1000多艘战船，载兵6万人，准备攻打被唐军控制的百济。唐朝获知日本出兵增援百济残部后，立刻派出以海鹘为主的170多艘战船迎战，载水师1.3万多人，加上百济的守军，一共不足两万人。

海鹘左、右两侧的浮板既在风浪中具有稳定船只的作用，又可阻挡侧浪，减轻船体横向摇摆，因此，海鹘是一种比较不怕风浪的战船。

中国古代领先的造船技术有船尾舵和水密隔舱两种，都是不逊色于四大发明的先进技术，水密隔舱技术比西方早了千余年。史料记载，东晋时期有船只疑似采用水密隔舱技术，但出土文物是唐代最早。

17

❖ 牙旗

牙旗多用作仪仗，其旗竿上饰有象牙，是象征主将、主帅身份的大旗。古称官署为牙，称所居之城为牙城，所居之屋为牙宅，称朝见主帅为牙参、所亲之将为牙将、卫队为牙队，而亲兵则称牙兵，称所树之旗为牙旗。

❖ 刘仁轨

刘仁轨（601—685年），唐朝宰相、名将，汉章帝刘炟之后。在其镇守百济期间，因救援新罗，作为主帅在白江口之战大败倭国、百济联军而名震天下。

汉朝到唐朝时期，扶余人是居住在中国东北地区的古代民族，曾建立政权，扶余存在了近600年的时间，后来随着扶余国的灭亡，与匈奴和突厥一样，作为一个独立民族的扶余人已消失在了历史的长河中。其中，朝鲜半岛上的高句丽、百济就曾为扶余人的政权，最后被唐朝派兵消灭。

唐朝的战船和兵力远远少于日本，在兵力如此悬殊的情况下，唐高宗龙朔三年（公元663年），双方军队在白江口（今韩国锦江入海口）百济残余势力所在的周流城发生激战。

唐军以海鹘为首的战船（在当时可谓巨舰）一字排开，面对日本1000艘战船奋勇冲杀，海鹘如同老鹰捉小鸡般地将日军战船挤压在白江口的三角地带，然后从船上往日本战船射出无数绑有燃烧物的箭，一时间火光冲天，日本战船乱成一团，四处逃窜。据《旧唐书·刘仁轨传》记载："四战捷，焚其舟四百艘，烟焰涨天，海水皆赤，贼众大溃。"仅此一战，日军战船就被大火烧毁了400多艘，日军死伤数万之众。唐军依靠高大的海鹘，在白江口大战中以少胜多地大败日军。唐朝的海鹘也一战成名，成为江、海通杀的利器。

《日本书纪》中记载："大唐便自左右夹船绕战，须臾之际，官军败绩，赴水溺死者众，舻舳不得回旋。朴市田来津（此战日方主帅）仰天而誓，切齿而嗔杀数十人，于焉战死。"

❖ 白江口之战时期的日本船只

世界上最早出现的铁甲舰之一

唐朝以后的很长一段时间里，海鹘一直备受重视，其性能和战斗力也在不断的改进中得到了提升。比如，其动力由原来的划桨、摇橹改为由多人脚踏转轴带动桨轮，这种灵活的推进方式提高了船只的机动性和航行效率；在其船舷两侧加装铁板，增强了防护能力，在船首用铁板包裹，并安装铁质冲角，用来撞击敌舰。因此，海鹘又被称作"铁壁铧觜平面海鹘战船"（"觜"通"嘴"），这或许是世界上最早出现的铁甲舰之一。

海鹘在后来的利用、发展和战斗中所发挥的作用印证了其优越性。在历史中，它是一种形如鹘，结构特别坚实、战斗力强、能冲击敌船的强力战船。

白江口之战后900多年间，日本再也不敢跟中国交手，更不敢窥视中国，直到明朝万历年间，日本丰臣秀吉再次染指朝鲜半岛，被李如松击败。

以桨轮为推进器的轮船，又称车船、轮船、车轮舸，比欧美国家的明轮发明要早很多，其是由桨船发展而来。与桨船相比，车船实现了连续推进，可提高航速。海鹘在宋朝时期大多已改由多人脚踏转轴带动桨轮为动力，而这种桨轮早在唐朝就出现了。

❖ 由多人脚踏转轴带动桨轮为动力的船只（此图采自《古今图书集成》）

维京战船

维京人的辉煌

维京战船的船身狭长，船型偏小，吃水也较浅，最早单靠船桨产生动力，后来普遍安装并使用船帆，获得了更快的速度和更久的续航能力，这正符合维京海盗发动奇袭、进退迅捷的作战需求。

公元 10 世纪以前，维京人南下来到西欧，他们靠抢劫获得了想要的一切。他们从北海航行到地中海，又来到大西洋，开辟了属于他们的"维京时代"。而这一切与他们拥有性能优良的维京战船有关。

制作精良的维京战船

维京战船也叫维京长船、龙头战舰（国王和部族首领一般乘坐龙头船），大约成形于 8 世纪，双头是它的典型特征。

维京战船一般长 20~30 米，分为无帆和装有船帆的两种类型，其整体造型制作精良，可说是一件艺术品，是维京造船师精湛技艺的完美体现。

❖ 维京战船

❖ 维京时代使用的硬币
这是一枚由丹麦国王戈弗雷德于 810 年左右在海泽比发行的专用于贸易的货币。

❖ 早期的维京船只
早期的维京船只不能称为战船，船首也并未高高翘起。和我们常见的小木船并没有什么区别，而且更加简单、粗糙。

据19世纪末和20世纪初先后发掘的公元800—850年挪威（维京人）王室使用过的战船显示，维京战船由橡木打造成龙骨和船舷，船底和甲板则由松木制成。弯曲醒目的船首（龙头），则是用一整块完整的橡木精雕细刻而成，船身的木板呈瓦状叠压，再用铆钉或者绳子捆绑，船板之间的缝隙使用动物毛或者植物纤维填塞，再用动物油脂涂抹密封，使制造出的船只既轻巧灵活，又结实。

维京战船没有船舱

维京战船的体形狭长，吃水线浅（只有50厘米），船身轻便，而且极简，甚至连船舱都没有，只在裸露的甲板和船舷上捆扎了一块用油脂浸过的皮革作为船舱，其实称之为"睡袋"更确切。一旦在航行中遇到狂风巨浪或者暴雨，维京人便会钻进"睡袋"之中，"睡袋"很小，仅能容纳两人，在北欧冰天雪地的环境中显得格外简陋。虽然维京人常身穿皮毛衣服，但是，在如此简陋的维京战船上生活实属不易，尤其是暴风雨的时候，维京战船上又冷又湿，因此，被冻死或在睡梦中被巨浪卷下海淹死的情况时有发生。

维京人每次驾乘维京战船取得胜利前都需要忍受极大的痛苦，因此，"维京"一词最早表示贬义，后来逐渐变成勇气的代表。

❖ **出土的维京战船**
这艘船的船首是天鹅颈形状，高于甲板4.8米，船首上半部是根据原型复制的。船长22米、宽5米，每一边各有15个桨孔。船上可载乘30多个船员。

❖ **维京战船的龙头**

❖ **精美的维京战船龙头**
维京战船不仅是维京人的日用品，它还是一件工艺品。这个建造于公元1000年的维京战船的龙头，其雕工非常精美，让人惊叹维京人的造船工艺之精美。

❖ 维京人关于船的石刻

❖ 1899年绘制的油画中的维京战船

令欧洲人闻风丧胆的维京人

中世纪早期,欧洲沿海的教堂中常会有人这样祈祷:"上帝呀,保佑我们逃过北方人的侵袭吧!"而祈祷者口中的北方人就是维京人。

维京战士一般身穿皮甲或锁子甲,头戴圆锥形的皮质或铁质头盔,一手持战斧、铁剑、矛枪等武器,一手举着盾牌。他们常常会驾驶着维京战船,突然出现在各国的海、河岸边,攻击时,他们会如风暴一般,怒吼着跳下维京战船狂冲乱砍,所到之处血流成河,有时也会配合弓箭手或者骑兵突袭,打对手一个措手不及。劫掠一番后就满载着胜利品疾驶而去。

维京战士驾船能力极强

维京人之所以使欧洲人闻风丧胆,正是仰仗着航速快又吃水浅的维京战船在大海之上神出鬼没。但是,驾驶维京战船并不容易,维京人凭借强大的臂力划桨,能驱使维京战船以5~8节的航速航行,迅速地出现在攻击目标眼前;或者依靠风帆驭风而行,以惊人的15~20节航速横冲直撞。

维京战船不仅是进攻利器,它还很便于撤退。维京战船的船首和船尾都高高翘起,当对手过于强大时,维京人不会傻傻地送死,而是会跳上战船,不必调转船头就能快速撤离,因为维京战船的船首和船尾均具备朝前航行的结构。

❖ 维京人头盔
这是瑞典中部维京人遗址乌普兰的文德尔出土的维京人头盔。

此外，维京战船还适合在水面复杂的环境使用，如遇到复杂的冰面或者河沟时，维京战士只需肩扛维京战船，奔袭或者撤退到适合航行的水域就可以重新起航。

持续近 300 年的维京时代

公元 793 年，挪威的维京人驾驶维京战船袭击英国海岸的林第斯法恩修道院这一事件，标志着维京时代正式拉开序幕。

此后，在将近 300 年中，维京人驾驶着维京战船，几乎将欧洲踏遍，他们不只是征服者、掠夺者，还是商人与航海家。维京人驾驶着维京战船和商船，不仅为北欧积聚了大量的财富，还在航海探险中发现了许多从未有人踏足的土地，不断建立起新的移民家园。

维京人在对外扩张中，维京战船充当了绝对的先锋一角。

❖ 涌现在法兰克沿岸的维京人

这是一幅中世纪画家绘制的画，画中描绘的是 9 世纪维京人前往法兰克王国的场景。大批维京士兵站在维京战船上，手持盾牌、身披链状盔甲，排列成行。

❖《维京传奇》中的维京战船——剧照

❖ 乘坐维京战船的维京人奇袭大军

❖ 维京人的洗劫——19世纪的油画

有一种维京商船是专为运送货物而建造的，这种船为贸易船只，船身又高又宽，船体很重，船上有一根12米高的桅杆。这种船可以在波涛汹涌的大海中保持平稳航行，甚至可以在风暴猛烈的大西洋中安全航行。

公元837年，丹麦维京人驾船登陆爱尔兰，建立了都柏林城（今爱尔兰首都）。

公元885年，丹麦首领西格弗雷德率领700艘战船与3万名维京战士，将法国巴黎包围了长达1年，最终以法国赔偿700磅黄金、维京人在法国诺曼底建立殖民地的条件结束。

公元907年，瑞典的维京人奥莱格率领2000艘战船、8万名战士进攻拜占庭帝国首都君士坦丁堡，迫使拜占庭人签订协议，向其献上贡品。

1962年，人们在丹麦的罗斯基勒峡湾成功打捞出5艘维京时代的沉船，其中就有一艘16米长的维京商船。

维京商船上的货物主要有琥珀、皮毛、蜂蜡、海象牙制品等特产，尤其是深受罗马人喜爱的琥珀，这些货物堪称维京人的经济支柱。

奥拉夫是维京人的首领之一。

❖ 西班牙油画：奥拉夫的舰队

郑和宝船

当 时 世 界 上 最 大 的 旗 舰

郑和宝船是指明朝郑和下西洋期间乘坐的船只，主要用于船队的指挥人员、使团人员及外国使节乘坐，同时，也用来装运明朝皇帝赏赐给西洋各国的礼品、物品和西洋各国进贡给明朝皇帝的贡品、珍品等，因此被称为"宝船"，意为"运宝之船"。

永乐三年（1405年）7月11日，我国明代著名航海家郑和奉明成祖朱棣之命，乘坐郑和宝船，率领一支庞大的船队从南京龙江港起航，经太仓出海，出使西洋。

郑和出使西洋的旗舰

明万历二十五年（1597年）罗懋登写的小说《三宝太监下西洋记通俗演义》中将郑和船队中的船只，按照用途分为宝船、粮船、水船、马船、坐船与战船等。而据

郑和的航行比哥伦布发现美洲大陆早87年，比达·伽马发现印度航线早92年，比麦哲伦环球航行早114年。

南京宝船厂遗址公园东临漓江路、西靠滨江大道、北为金浦、南邻银城，这里曾经是郑和宝船的制造厂，如今在宝船厂遗址中还能看到600年前的船坞遗址。

❖ 郑和宝船复原模型

❖ 郑和

郑和（1371—1433年），明朝太监，原姓马，名和，小名三宝，又作三保，云南昆阳（今晋宁昆阳街道）宝山乡知代村人。我国明朝航海家、外交家。1405—1433年，郑和七下西洋，完成了人类历史上伟大的壮举，宣德八年（1433年）4月，郑和在印度西海岸古里国去世，赐葬南京牛首山。

❖ 郑和宝船

郑和船队航海时，通过罗盘上的针位来确定航行的路线，当时叫作针路。

郑和七下西洋，前后经历28年，原始的航海记录早已遗失，所幸前后随郑和下西洋的马欢、费信、巩珍三人都将见闻记录著书并流传了下来，他们各自著述的《瀛涯胜览》《星槎胜览》《西洋番国志》成为后人研究郑和以及明代中外交通历史的第一手资料，其中以《瀛涯胜览》对15世纪初南洋各国和一些阿拉伯国家的国王、民俗、物产等记载最详细，被各国学者公认为3部书中最重要的一部。

❖ 宝船厂遗址出土的舵杆

20世纪30年代考古发现的郑和残碑中描述，将郑和船队分为宝船、2000料船、1500料船、8橹船等几种。不管如何描述郑和率领的这支庞大的船队，其中最大的海船被称为宝船，也称为郑和宝船、大宝船，它不仅是郑和船队中的主体，也是郑和率领的海上特混舰队的旗舰，它在郑和船队中的地位相当于现代海军中的旗舰、主力舰。

远比同时期的欧洲船只都大

《明史·郑和传》中记载："造大舶，修四十四丈、广十八丈者六十二。"明代人编写的《国榷》中称"宝船六十二艘，大者长四十四丈，阔一十八丈"。此外，《瀛涯胜览》《国榷》《西洋记》等历史书籍中对郑和宝船均有记载，郑和宝船一共有62艘，其中最大的长度超过了100米，排水量超过万吨，它比同时期的欧洲任何船只都要大很多。有数据显示，在郑和下西洋87年后，著名航海家、探险家哥伦布发现新大陆的船队仅有3艘船，其中最大的"圣玛丽亚"号的排水量只有100吨，吨位只有郑和宝船的1/100。因此，郑和宝船是当时世界上最大的木质帆船和海上无可争议的巨无霸。

远比同时期的欧洲船只先进

体型如此庞大的宝船显示了明代惊世骇俗的造船水平，据记载，郑和宝船仅锚重就有几千斤，要动用二三百人才能

❖ 宝船厂遗址公园内的水罗盘
郑和下西洋船队的每艘船上均配有水罗盘，这种水罗盘的精度很高，采用24个方向，各以天干地支与八卦五行命名，标记方位，它代表着当时最先进的航海技术。

起航。据《明史·郑和传》记载，郑和宝船有4层，船上有9根桅，可挂12张帆。与当时欧洲的分段软帆不同，郑和宝船使用了硬帆结构，帆篷面带有撑条，更能适应海上的风云突变。木质帆船在海上的行动主要依靠风帆借助风力以及水手划水，郑和宝船与欧洲船只不同，它不仅有船桨，还在两舷和艉设有长橹，长橹在水下半旋转的动作类似今天的螺旋桨，不仅推进效率较高，而且能适应狭窄港湾，并能在各种水域航行。

郑和宝船是郑和下西洋的船队中最大的海船，是中国航海史乃至世界航海史上最大的木质帆船。在1405—1433年漫长的28年间，郑和船队历经亚、非30余国，涉10万余里，与各国建立了政治、经济和文化方面的联系，完成了七下西洋的伟大历史壮举，郑和宝船当属首功，这是国人的骄傲。

❖ 水罗盘
水罗盘用灯芯草穿插磁针放置在盘中央，由四维、八干、十二地支组成。郑和船队在海上航行主要依靠类似的水罗盘来测定航向和方位。

该汉白玉浮雕描绘的是郑和出使时，所经国家的国王出来迎接郑和的盛大欢迎仪式的场景。
❖ 浮雕：郑和下西洋

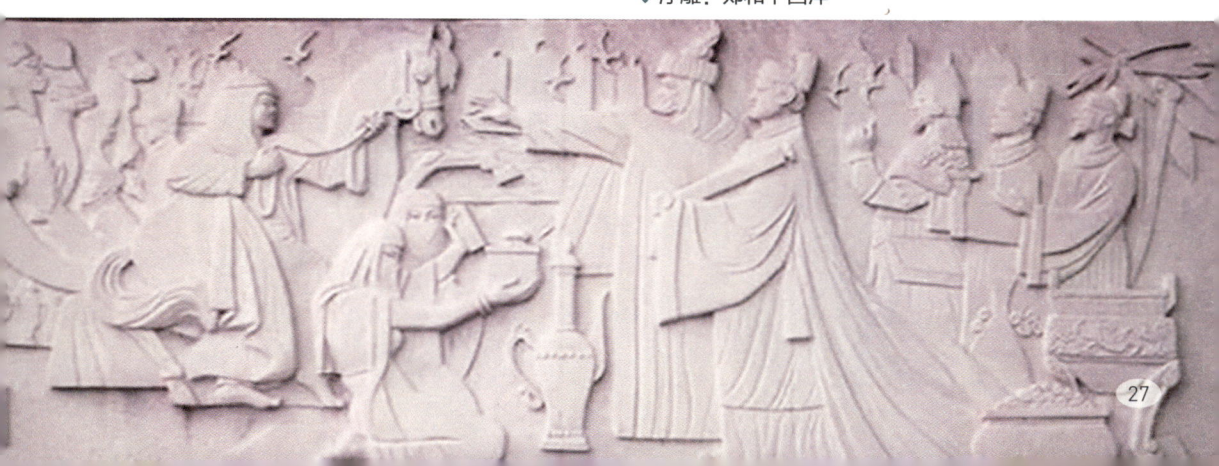

龟船

朝鲜壬辰卫国战争中的"王牌"战舰

龟船是朝鲜人很早就发明的一种战船,因船身装有硬木制成的、形似龟壳的防护板而得名。16世纪末期,李舜臣改进了龟船的结构和设备,把船身造得更大。它在当时的海战中表现出无比强大的威力,多次重创日本海军,因而被称为朝鲜壬辰卫国战争中的"王牌"战舰。

公元1592年4月,丰臣秀吉借口朝鲜拒绝帮助日本攻打中国,调集近20万大军、700艘战船,悍然发动了对朝鲜的侵略战争。

日军在朝鲜登陆,仅用了不到3个月的时间,就接连攻陷了几个重要城市,朝鲜国王李昖逃到鸭绿江边躲藏了起来,整个朝鲜如覆巢之卵,岌岌可危。

玉浦海战:一群怪异的船

丰臣秀吉以为朝鲜的几个重要城市都已经被轻松占领,其他的城市不值一提,日本能很轻松地吞下整个朝鲜,然而他做梦都没有想到,日本海军不久后就遭受了前所未有的惨败。

1592年5月,50余艘日本战船在朝鲜的玉浦港停靠,被一群怪异的船只包围,发生了史上有名的玉浦海战。这些怪异的船只长得像乌龟,背着厚厚的龟甲,行动速度远远超过日本战船。虽然日军做了各种警备措施,但是这种长得像乌龟的船在日本战船中穿插着,轻松地打乱了日本战船的队形,日本战船大败,疯狂逃窜。

❖ 玉浦海战

> 龟船有双层或3层甲板,双层甲板的火炮和划桨都在同一个船舱;3层甲板的内部分上、下两层,上层为火炮舱,用于射击,下层为动力舱(划桨)和储存舱。龟船内部有战斗舱、动力舱、储存间和休息所,有将领单间和士兵通铺。可谓"龟壳之下,别有洞天"。

丰臣秀吉做梦都没想到日本战船在小小的玉浦港被一种没见过的舰船打得毫无还手之力。

足智多谋的李舜臣

李舜臣出生于朝鲜开城一个没落的书香世家，家境贫寒，在32岁时参加武举登科，开始从军，因为他刚毅勇敢、足智多谋，被首相柳成龙破格提升为全罗道左水使，扼守朝鲜海峡。日本侵犯朝鲜前一年，因朝鲜内部的政治斗争，李舜臣被降职成县吏。

李舜臣治军颇为严格，是朝鲜难得的将才。当他初闻日军进犯朝鲜的消息时，就开始默默地做准备。他搜集了一些稍大的渔船进行改造，造出一种能克制日本船只的"龟船"，然后又召集渔民进行军事化训练。

当日本战船在玉浦港停靠时，李舜臣便指挥龟船将狂妄的日本海军打得措手不及。可以这样说，龟船不仅在朝鲜海战史上写下了光辉的篇章，而且在世界舰艇发展史上也占有重要的地位。

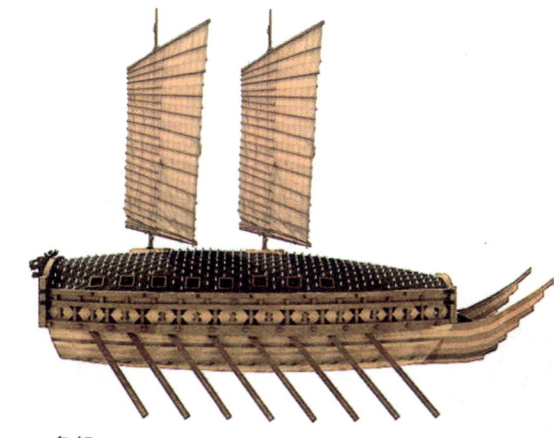

❖ 龟船

据记载，龟船的船背上覆盖着带锥的铁皮。当时的海战主要是接舷战术，靠近敌舰后，用钩索钩住船沿，然后攀上敌舰，与对手进行近身搏斗。然而，面对满身是刺的龟船，接舷战术就好比老虎碰到了野猪——无从下口。因此，日军此战一败涂地。

❖ 当时的日本火绳枪

据记载，龟船舷板厚约4寸，约合13厘米，那个时代口径再大的火绳枪也无法穿透龟船舷板。

战船的机动性强弱往往决定海战的胜负，以下是当时的龟船和日本船只的比较。
大型龟船长30~37米，高约5米，船内能容纳50个作战兵和100多个桨手，船上有可以升降的巨帆，船底两侧则各有10支橹，平时航行靠帆，战斗冲刺时靠橹手摇橹，正常航速为4.27节（用帆），冲刺速度达7节左右（摇橹）。而当时的日本船只长度接近50米，高近10米，光是橹手就要180人，速度比较慢，正常航速约3节，冲刺速度5~6节，在机动性方面不如龟船。

贡多拉

威尼斯独特的"车"

威尼斯这座城市中没有车，城市交通主要依靠贡多拉，贡多拉相当于人们熟知的私家车、公交车、货车或者计程车。

世界上有许多"水城"，但最名副其实的当属威尼斯。威尼斯是文艺复兴时期的重镇之一，它由118座小岛组成，并以177条水道和428座桥梁将城市串联在一起，许多华丽的建筑物好像漂浮在水面之上。因此，威尼斯素有"水上都市"之称，这里最具代表性的交通工具就是贡多拉。

❖ 鸟瞰威尼斯

威尼斯除了被誉为"水上都市"之外，还被称为"百岛城""桥城"等。

里亚尔托桥是威尼斯最古老的桥梁之一，因在莎士比亚的《威尼斯商人》中出现过而声名远扬。

❖ 里亚尔托桥

家家户户都有船

公元476年，西罗马帝国在北意大利的势力崩溃之后，外族入侵，掀起滔天战火，为了躲避战乱，人们纷纷拖家带口，躲进了意大利东北部的潟湖之中，他们便是最早的威尼斯人。

威尼斯人建造了428座桥，将潟湖中的各座岛屿都连接在一起，形成了一座城市。为了能更好地适应被潟湖环抱的城市生活，威尼斯人学会了造船。这里的家家户户都有船，除了用于远航和商贸的大型帆船之外，威尼斯人还专为在潟湖这种特殊环境的出行方便，建造了独具特色的小船——贡多拉。

贡多拉意为轻快小舟

贡多拉这个名字源自希腊语"kondyle"或"kondou",意为轻快小舟。威尼斯人使用贡多拉的历史可以追溯到1000多年前,它是威尼斯人的日常必备交通工具。

贡多拉仅能容纳6~7人乘坐,其构造简单,小巧轻便,船首尖翘如同维京战船,船身大约长11米,宽近1.5米,以栎木板为材料,船身用黑漆涂抹,除了船中的座位之外,几乎没有其他装备和装饰。

据文献记载,公元7世纪,威尼斯第一任总督将这种船命名为贡多拉。它促进了威尼斯的繁荣,使威尼斯居民之间的接触和活动变得方便频繁。

❖ 贡多拉

❖ 早期的贡多拉

从早期绘画中可以发现,早期的贡多拉比较扁平,船尾和船头也不像如今的贡多拉那么高。

曾经满是装饰的贡多拉

早期的贡多拉并非通体黑色,当时每家每户都会在自家的贡多拉上刷上各种颜色和装点上各种装饰品,以此来彰显个性,后来逐渐发展到以装饰贡多拉的排场来相互攀比,甚至用以炫耀家族地位,以至于小小的贡多拉上挂满了各种饰品,严重影响到行船安全,还使整个社会虚荣心膨胀,

❖ 被装饰的贡多拉

❖ 威尼斯圣母大教堂门前停满了贡多拉

造成了极大的浪费。1562年,威尼斯元老院颁布禁令:"所有贡多拉只能刷成黑色,不允许在船上安装任何炫耀的装饰品,已经安装的必须拆除,仅允许在尖尖的船首上可以适当点缀。"

如今,贡多拉依旧保留着传统的制造工艺,是威尼斯大小河道中最常见的交通工具,它如同汽车一般穿梭在"大街小巷"之中,不仅是人们出行的首选,还让每个来到威尼斯的游客都感到惊奇。

❖ 贡多拉的船首

马尼拉大帆船

"海上丝绸之路"的延续

自16世纪起，持续250多年的马尼拉大帆船在中国与拉丁美洲的跨太平洋贸易与文化交流中扮演着重要角色，它是使中国古代丝绸之路的贸易线延伸至美洲的重要交通工具。

以麦哲伦船队的环球航行为基础，1525年7月，西班牙国王卡洛斯一世派船队去征服菲律宾，但由于海上环境恶劣等，效果并不理想。于是，卡洛斯一世把征服菲律宾的任务交给了墨西哥总督埃尔南·科尔特斯。然而，埃尔南·科尔特斯虽然不断派兵入侵菲律宾，但是一直不顺利，直到1565年4月，西班牙殖民者黎牙实比才占领了菲律宾的宿务岛。

乌达内塔开辟了连接亚洲和美洲的太平洋航线

西班牙的野心并不只是在菲律宾群岛中占领一座小岛而已，他们希望得到菲律宾的全部，但是要完成这个目标，还需要更多的西班牙人的帮助，于是，黎牙实比在宿务岛站稳脚跟后，马上开始探索从太平洋回到墨西哥的航线。

1565年6月，黎牙实比派遣西班牙航海探险家乌达内塔率领"圣·巴布洛"号大帆船满载亚洲的香料，开始探索东去的航线。乌达内塔利用日本暖流和北太平洋暖流，耗时6个月，终于成功地抵达北美洲墨西哥的阿卡普

❖ 埃尔南·科尔特斯

埃尔南·科尔特斯（1485—1547年），出身西班牙贵族，大航海时代的西班牙航海家、军事家、探险家，墨西哥阿兹特克帝国的征服者。1519年2月，率领船舰和军人在墨西哥东海岸登陆，入侵阿兹特克帝国，建立了维拉克鲁斯城。

中国与马尼拉之间的海上贸易早在西班牙人到来前就已经存在了，著名航海家麦哲伦登陆菲律宾时就听闻当地和中国之间有贸易往来。

❖ 黎牙实比

黎牙实比是16世纪西班牙入侵菲律宾时的总指挥。1569年，西班牙国王腓力二世任命黎牙实比为菲律宾总督。1572年，西班牙军攻占吕宋岛，黎牙实比于这一年在马尼拉病死。

✧ 阿卡普尔科建于西班牙统治时期的圣迭戈博堡垒

圣迭戈博堡垒是一座五角形的建筑，建于1616年，堡垒最初的使命是保护西班牙商船在菲律宾和墨西哥之间的贸易往来不受荷兰及英国海盗的侵扰。

阿卡普尔科始建于1550年，是墨西哥一座美丽且古老的港口城市，是墨西哥著名的海滨旅游城市之一，阿卡普尔科1599年正式建市。1565—1815年为与菲律宾进行贸易的主要港口。后因西班牙殖民统治崩溃，贸易衰落。20世纪30年代末重新兴起，成为墨西哥太平洋沿岸重要的冬春度假胜地和出口港。

✧ 16世纪时西班牙人在墨西哥发现的银矿

16世纪初，墨西哥沦为西班牙的殖民地，因盛产白银，1535年西班牙殖民者在墨西哥城建了北美洲第一家造币厂。

✧ 西班牙银圆

西班牙银元在西方又称为墨西哥银圆，而专用于外贸的银币叫作8里亚尔银币（成色固定在0.931的银币），它们被运至马尼拉，再通过贸易被输送至中国，这种银币长期受到明政府的欢迎，它们会被收集起来重新熔化后制成银锭。因此，如今存世的并不多见。

尔科港。乌达内塔的这次航行开辟了连接亚洲和美洲的太平洋航线。此后，西班牙通过这条航行源源不断地从美洲向菲律宾运送士兵。1571年，黎牙实比从马尼拉登陆，入侵并占领了菲律宾，然后在马尼拉市中心建立了城堡和炮台。自那时起，马尼拉便成了西班牙殖民菲律宾时的首府。

马尼拉大帆船贸易

欧洲人探险的重要原因就是寻找黄金，他们虽然在美洲发现了大量的银矿，但是这对他们来说并不能满足，然而，作为东方大国的中国对白银的需求远胜于欧洲人对黄金的需求。于是，西班牙人不断从墨西哥将美洲的白银运至马尼拉，从马尼拉换取中国商船运来的丝绸、瓷器、茶叶和其他中国产品，再用大帆船沿着乌达内塔开辟的航线,横渡太平洋,将这些中国商品运抵新西班牙殖民地(今墨西哥)的阿卡普尔科港,再售往欧洲各地。

以西班牙式的大帆船作为运输工具,中国丝绸、瓷器、茶叶和美洲盛产的白银以及各种经济作物,以马尼拉作为中转站运往全球,从事这一贸易的船只遂得名马尼拉大帆船。这条航线东起墨西哥西岸的阿卡普尔科,西至菲律宾的马尼拉,称为"马尼拉大帆船贸易"。美洲白银由此源源不断地流向中国与全球。这个跨越美洲、亚洲和欧洲的贸易路线则被称为"大三角贸易"。

马尼拉大帆船非常巨大

当时并非所有船只都能在太平洋上长时间航行,因此,马尼拉大帆船是专为适应太平洋的宽广和艰险而建造的。

"马尼拉大帆船贸易"不仅促进了墨西哥西岸的阿卡普尔科和菲律宾的马尼拉的繁荣,实际上沿途很多地方都曾获益,比如,密克罗尼西亚正好处于海运航线的中间位置,凭借着得天独厚的地理位置,密克罗尼西亚逐步成为西班牙人跨越太平洋的"马尼拉大帆船贸易"中的重要补给点。1668年,西班牙还专门规定,马尼拉大帆船船队必须停靠在马里亚纳群岛最南部的关岛,这项规定给关岛带来了大量的资金,维系了当时西班牙人在关岛的统治。

"马尼拉大帆船贸易"的路线比较复杂,其中最主要也是最著名的就是中国——菲律宾——墨西哥这条线路。

❖ 墨西哥银圆

墨西哥银圆又叫作"墨银"或"鹰洋",后讹为"英洋"。直到现在,墨西哥铸造的所有硬币上都刻着这样的国徽图案。当时,带有雄鹰图案的银币,由于成色极佳,流入中国后,成为市场通货,民间称之为"鹰洋"。

❖ 马尼拉大帆船贸易纪念碑

该纪念碑位于菲律宾马尼拉的王城区。

❖ 马尼拉在西班牙统治时期建造的城堡

❖ 油画：马尼拉大帆船装货的场景

自 16 世纪起，马尼拉大帆船以菲律宾为中转站，将中国商品运往拉丁美洲，这种间接贸易形式被称为"马尼拉大帆船贸易"。历时 250 余年的"马尼拉大帆船贸易"促进了太平洋两岸的经济文化交流，通过贸易，美洲的玉蜀黍、烟草、花生、西红柿等作物传入中国和其他亚洲国家；而东方文化特别是中国的工艺美术则对美洲文化产生了一定的影响。

由于马尼拉大帆船的货物主要来自中国，以当时风靡全球的中国生丝与丝绸为主，因此，墨西哥人直接把马尼拉大帆船叫作"中国船"。

❖ 马尼拉大帆船

马尼拉大帆船是西班牙人利用马尼拉原住民和华工，使用当地特有的柚木建造的一种大型三桅帆船，属于货运盖伦船。它的排水量能达到 1700~2000 吨，一般船上会配备 10 门以上的火炮，根据船只大小和载运的货物的重要性，船上最多可达 100 门火炮，而这些火炮主要用于自卫。

马尼拉大帆船是当时的巨无霸，不仅拥有巨大的储物、储淡水空间，还有超大的储备食物的空间和为长途跋涉准备的 300 人以上的食物，如咸肉、橄榄油、朗姆酒、土豆、蜂蜜、豆子与硬饼干等，船上甚至还有猪圈、羊圈和鸡舍，以备船员能吃到鲜活的肉类。

马尼拉大帆船是当时世界上最先进的船只，它们承载了太平洋的贸易之路，也见证了"马尼拉大帆船贸易"的兴盛和衰落。

失去了用武之地

自16世纪下半叶起，乌达内塔开辟的太平洋航线便成为马尼拉大帆船的固定航线。

这种贸易在最初是自由贸易，但很快就被西班牙控制，成为一条垄断贸易航线。大量的马尼拉大帆船源源不断地将中国的丝绸、瓷器、漆器、茶叶、扇子和梳子运送到拉丁美洲，再从拉丁美洲将白银运送到中国，由于价廉物美的亚洲产品严重地冲击了西班牙在美洲和菲律宾的贸易，因此，自1593年起，西班牙颁布了一系列法令，限制了贸易，如对马尼拉大帆船每年的航行次数、船队的规模、商品的数量，以及税收等都做了严格的限制，形成了一系列的垄断制度。

由于贸易垄断本身的弊病，加之其他西方国家的挑战，至18世纪下半叶，西班牙被迫开放马尼拉港，"马尼拉大帆船贸易"日趋衰落。1813年10月，西班牙王室下令废止"马尼拉大帆船贸易"，自此以后，马尼拉大帆船便失去了用武之地。

❖ **马尼拉大帆船**
马尼拉大帆船是一种大型三桅帆船，通常有两层或更多的甲板，常被西班牙用作商船或战舰。

据记载，1573年7月1日，两艘满载中国货物的马尼拉大帆船从马尼拉起航，5个月后，两艘船抵达墨西哥的阿卡普尔科港。船上的货物除了有712匹中国丝绸、22 300件中国瓷器外，还有成捆的生丝和大量的天鹅绒、麻布、各色白棉布等纺织品。

❖ **西班牙国王腓力二世**
腓力二世为了保护西班牙的商业，于1593年下令限制"马尼拉大帆船贸易"，规定到墨西哥的马尼拉大帆船每年不得超过两艘，每艘载重不得超过300吨。1813年10月，西班牙王室下令废止"马尼拉大帆船贸易"。

名人名船

"莫拉"号

征服者威廉的旗舰

"莫拉"号是一艘以传统的制造方式制造的普通维京式船只，它的桅杆上有画着十字架的纹章，艉柱上有金色的吹号角的天使雕像，它因是黑斯廷斯战争中征服者威廉的旗舰而被世人知晓。

❖《巴约挂毯》中描述的"莫拉"号

"莫拉"号是一艘维京式船只，它是征服者威廉在黑斯廷斯战争中的旗舰，此战后，征服者威廉扫除了竞争者，成为英格兰国王。因此，"莫拉"号是一艘拥有英格兰荣誉的战船。

英格兰王位继承危机

英国国王忏悔者爱德华是盎格鲁－撒克逊王朝的君主，他对基督教的信仰无比虔诚，因此被称作"忏悔者"。他没有子女，因此公元1066年1月病逝后引起了

> 盎格鲁是德国与丹麦交界处的石勒苏益格州的地名，同时也是英吉利人的谐音，撒克逊人是德国北部的民族，是1000年前从丹麦移居德国的日耳曼民族，德国有3个州叫撒克逊。
> 盎格鲁－撒克逊则指的是盎格鲁和撒克逊两个单独民族结合的新民族，是一个集合用语，通常用来形容5世纪初到1066年诺曼征服之间，生活在大不列颠东部和南部地区，在语言和种族上相近的民族。

英格兰的王位继承纷争。

　　忏悔者爱德华生前流亡诺曼底时，曾许诺将王位传给诺曼底的威廉公爵（征服者威廉），然而，忏悔者爱德华去世后，其近臣韦塞克斯家族的大贵族哈罗德在贤人会议的帮助下篡夺了王位，这让威廉公爵很愤怒。威廉公爵愤怒的原因有二：一是忏悔者爱德华生前的许诺；二是哈罗德曾在一次出巡时，被蓬蒂奥公爵扣押，后来在威廉公爵的调停下，哈罗德才被释放，为了表示感谢，哈罗德发誓未来愿意臣服于威廉公爵。

代表正义向英格兰本土发兵

　　征服者威廉一面怒斥哈罗德背信弃义篡夺王位，一面开展外交活动，赢得了岳父佛兰德斯伯爵和教皇亚历山大二

玛蒂尔达王后又称"弗兰德的玛蒂尔达"（约1031—1083年），是征服者威廉一世的妻子，英格兰王后。

❖ 玛蒂尔达王后

❖ 忏悔者爱德华

忏悔者爱德华（约1001—1066年）是英国的盎格鲁-撒克逊王朝君主（1042—1066年在位），因为对基督教信仰无比的虔诚，被称作"忏悔者"，或称"圣爱德华"。

❖ 征服者威廉

❖《巴约挂毯》中描述的黑斯廷斯战役

有些资料介绍，当时征服者威廉共征召了1000~3000艘战船，统帅6.5万名士兵和其他人员跨海攻打英国，但经大量资料汇总分析，认为正文中的数字才是准确的。

征服者威廉是幸运的，在他抵达英格兰前，哈罗德已经与另外一名有权继承王位者——挪威国王哈拉尔德三世进行了一场大战，因而兵疲马困，才使征服者威廉能在黑斯廷斯战役中轻松获胜。

《巴约挂毯》中描述的哈罗德在黑斯廷斯战役中被一箭射中眼睛的形象。

❖哈罗德被箭射中眼睛

世的支持，随后，神圣罗马帝国皇帝亨利四世与丹麦国王斯温二世也站在征服者威廉一边，因而使征服者威廉成为正义的一方。

为了夺回本该属于自己的王位，征服者威廉开始大量建造战船，征召陆军，准备出兵，据史诗级物品《巴约挂毯》描述，为了这场入侵，诺曼底的王公贵族提供了大量战船，而征服者威廉的妻子玛蒂尔达更是出资为他修建了一艘旗舰"莫拉"号。

在各方面力量的支持下，征服者威廉集结了一支由大约6000人组成的陆军，以及以旗舰"莫拉"号为首的各种船只700~1000艘、水手2000~4000人组成的海军。

1066年9月，征服者威廉登上"莫拉"号，手举战刀，指挥大军，从诺曼底起航，跨过英吉利海峡，踏上了英格兰的土地。

哈罗德以一支由8000人组成的英格兰部队迎战征服者威廉的大军，两者爆发了黑斯廷斯战役。哈罗德在战争中战死，征服者威廉扫清了继承英格兰王位上的一切障碍，直取伦敦，年底自封为王，史称"威廉一世"。

❖ 纪念币中的形象：哈罗德被射中眼睛
该纪念币完全依照《巴约挂毯》描述的黑斯廷斯战役中哈罗德被一箭射中眼睛的形象而铸造。

"莫拉"号是一艘维京战船

征服者威廉的这一次渡海之行被记录在《巴约挂毯》中，从哈罗德曾向威廉公爵宣誓效忠、征服者威廉兴师讨伐，一直到黑斯廷斯之战以及哈罗德兄弟之死，征服者威廉称王，所有细节在《巴约挂毯》中都有十分完整而详细的描述，并附有文字解说。

《巴约挂毯》长70米，宽50米，编织得非常精美，其中有大量篇幅描述的是许多诺曼底人的战船，而最醒目的就是征服者威廉的那艘旗舰"莫拉"号。

"莫拉"号流传下来的资料非常少，只有零星的文献中提到了这艘船的名字。据专家分析，"莫拉"号是一艘船舱相对宽阔的单桅

❖《巴约挂毯》中的征服者威廉与大臣交谈

❖《巴约挂毯》中征服者威廉的大军在登船

❖ 《巴约挂毯》中征服者威廉
　的船队

根据推测，《巴约挂毯》是由征服者威廉的弟弟奥图委托辛勤的修女完成的。目前，它仍展示于法国小城巴约的博物馆中。

木桨船，它是以维京人的传统战船的制造方式制造的，船身使用 20 多米长的大木块，以呈瓦状叠压的方式建造。根据文献记载，"莫拉"号的船首有一个镀金的、吹着喇叭的小男孩雕像，不过在《巴约挂毯》中，"莫拉"号上的这个金色吹喇叭的小男孩却出现在船尾。

"莫拉"号与其他大部分维京时期的战船相比并不突出，甚至还显得有点朴素，但它却因为是征服者威廉指挥大军征服英国时的旗舰而受到人们的关注。时至今日，在法国的诺曼底还能见到一座"莫拉"号的纪念碑。

《巴约挂毯》中征服者威廉头戴王冠、身穿锁甲、手持利剑与众将士在一起。
❖ 《巴约挂毯》中身穿铠甲的征服者威廉

"圣玛丽亚"号

哥伦布发现新大陆时的旗舰

"圣玛丽亚"号是1492—1493年哥伦布首航美洲时的旗舰,正如它的名字一样,这是一艘似乎受到上帝祝福的船,使哥伦布顺利发现了新大陆。

1492年8月3日,哥伦布率领由旗舰"圣玛丽亚"号、"平塔"号,以及"尼亚"号3艘船组成的探险船队,从西班牙塞维利亚的巴罗斯港扬帆起航。

哥伦布探险船队

哥伦布探险船队的3艘船都是15世纪时期的普通帆船。其中,"平塔"号搭乘26名船员,"尼亚"号搭乘22名船员,它们都是轻快帆船,船型小巧,载重仅50吨左右,航速较快。"圣玛丽亚"号则搭乘了39名船员,它是一艘较大的圆壳帆船,重130吨,长约35米

15世纪时欧洲人口膨胀,哥伦布发现美洲大陆后,使欧洲人有了可以殖民的场所,也有了可以促进欧洲经济发展的土地、矿石和原材料,但同时,这一发现也导致了美洲印第安文明的毁灭。

哥伦布(1451—1506年),全名克里斯托弗·哥伦布,意大利探险家、航海家,大航海时代的主要人物之一,是地理大发现的先驱。

❖ 哥伦布探险船队的旗舰——"圣玛丽亚"号

❖ 哥伦布

❖ 女王夫妇听哥伦布介绍如何探索新世界

探险家哥伦布

哥伦布出生于意大利西北部的热那亚地区,他的父亲是纺织工人。哥伦布的人生要从他结婚开始说起,由于受《马可·波罗游记》的影响,年轻时的哥伦布就有出海探险的理想。他和一位家世显赫的葡萄牙姑娘结了婚,借此进入了当时最有名的探险家族。婚后,他成天厮混于码头的酒吧里,打探各种关于远方的传说。

哥伦布相信地圆说,希望通过航行打通东西方航道,那么东方的瓷器、茶叶和香料就会源源不断地通过海路运到西方世界。

在十几年的时间里,哥伦布先后向葡萄牙、西班牙、英国、法国等王室请求资助,他四处"演说",声称自己要去东方,探寻"满是黄金的国度",一旦成功归来,他们都将成为世界上最富有的人。听到这样的言论,很多人都认为哥伦布是骗子。

当哥伦布遇到西班牙女王伊莎贝拉一世后,一切都发生了改变。伊莎贝拉一世非常赏识哥伦布的胆略,甚至不惜拿出自己的私房钱,资助他完成对印度航道的开拓与探索。

《哥伦布航海日记》是哥伦布对自己航海过程的记录,但是其中也不乏记录着他们一行人对黄金的贪欲,为掠夺黄金,他们不惜对印第安人进行欺诈,内部也因此分裂。这是欧洲第一部记述新大陆以及欧洲人在新大陆活动的作品,充满了探险精神,一经问世,即大受欢迎。500多年来被译成多种文字,备受各国读者的喜爱。

(另外两艘船只有15米长),宽7.84米,吃水1.98米,排水量120吨,甲板长18米,有3根桅杆并都备有角帆。

"圣玛丽亚"号是哥伦布探险船队中唯一一艘建有甲板的船只。因此,它相对于其他两艘船只载重会多一些,航行速度也慢一些。

哥伦布探险船队中配有阿拉伯语的翻译、记录员和稽核官，每艘船都由经验丰富的航海专家作为船长，船员都是有经验的水手。

发现美洲

哥伦布探险航行的目的是要找到一条通向亚洲的新航道。哥伦布在"圣玛丽亚"号上指挥船队一直向西南方向航行。1492年9月初，哥伦布探险船队转舵向西，驶入茫茫无际的大西洋，又经过一个多月的航行都没有见到陆地，船员们开始焦躁，并互相埋怨和咒骂，对这次远航失去了信心。

1492年10月12日是世界历史上重要的一天。洪都拉斯、巴西、厄瓜多尔、委内瑞拉、智利、哥伦比亚、巴拉圭、哥斯达黎加、巴哈马、美国等十几个国家把这一天或这一天前后定为美洲发现日——哥伦布日，予以纪念。西班牙则将其定为国庆节，予以庆祝。

❖ 哥伦布探险船队

❖ 西班牙女王亲自送哥伦布出海

1492年8月3日，哥伦布在"圣玛丽亚"号上辞别了西班牙女王，率领船队出海。

哥伦布发现美洲新大陆511年后，美国考古学家宣称在海地以北的海底找到了哥伦布当年乘坐的"圣玛丽亚"号的残骸。如果属实，这将是迄今为止全球最重要的海底考古发现之一。

❖ 油画：登陆美洲的哥伦布一行人

但是，哥伦布却坚信地球是圆的，只要一直向西航行，就能到达盛产黄金和香料的亚洲。在哥伦布的坚持下，哥伦布探险船队继续前行。10月12日，经过了70个昼夜的航行后，在"圣玛丽亚"号的带领下，哥伦布探险船队终于发现了陆地，那就是美洲的圣萨尔瓦多岛（哥伦布到死都以为他发现的新大陆是"印度"）。

"圣玛丽亚"号受损搁浅

10月28日，哥伦布探险船队到达古巴，他们误认为这就是亚洲大陆，但是哥伦布从"圣玛丽亚"号登陆

❖ "圣玛丽亚"号上的一支被保留下来的锚

"圣玛丽亚"号搁浅后，哥伦布命人拆下船木，用来在海边建设一座堡垒，这就是最早的"白人村"，船上的炮就架设在这座堡垒的外围。而"圣玛丽亚"号上的其中一支锚，一直被收藏了起来，如今由海地太子港收藏。

时,发现岸上没有一点《马可·波罗游记》中描绘的繁荣景象,于是命令船队起航,向东南方向行进,继续去寻找亚洲大陆。在航行途中,"平塔"号失去了联系,哥伦布只得率领"圣玛丽亚"号和"尼亚"号继续东行。12月6日,他们登上了美洲大安的列斯群岛中的海地岛,并在岛上举行仪式,将此岛命名为伊斯伯尼奥拉岛(意为西班牙岛)。

1492年12月25日晚,海面上刮起狂风,"圣玛丽亚"号被刮到海地岛的一个沙滩上搁浅并受损,无法继续航行。于是,哥伦布将"圣玛丽亚"号上的船员和物资都留在了岛上,建立了一个"白人村",并拆下了"圣玛丽亚"号上的大炮,架设在"白人村"外围,就这样,哥伦布探险船队的旗舰"圣玛丽亚"号结束了它的一生。

❖ 美国发行的纪念币上面的"圣玛丽亚"号

美国1893年发行的哥伦布发现新大陆400周年纪念币。

"圣玛丽亚"号名声显赫

1493年3月15日,哥伦布乘坐探险船队中仅剩的"尼亚"号返回了西班牙的巴罗斯港,受到了西班牙人的隆重欢迎。虽然"圣玛丽亚"号没能返航,但是,它作为哥伦布探险船队的旗舰,在世界航海探险史上留下了光辉一页。

1492—1504年,哥伦布曾4次探索美洲,先后到达巴哈马群岛、古巴、海地、多米尼加、特立尼达等地。大西洋两岸间的航路也随之扩展,美洲东海岸和沿海岛屿逐渐被发现,新大陆的轮廓逐渐清晰呈现。

哥伦布发现美洲新大陆,是历史上一个重要的转折点,不仅为西班牙开辟了新的殖民疆土,也开辟了横渡大西洋到美洲的航路,同时开启了一个新的时代——大航海时代。

❖ 意大利发行的纪念币上面的哥伦布探险船队

意大利发行的纪念币上的"圣玛丽亚"号、"平塔"号和"尼亚"号。

美洲最早的发现者有争议。美国《林肯每日星报》2014年11月14日的报道中称,有证据表明中国航海家郑和可能最先发现新大陆。

巴哈马是一个由700座岛屿和2500座海礁组成的群岛。哥伦布发现新大陆,成为美洲大陆开发和殖民的开端,是历史上一个重要的转折点。

47

"特立尼达"号和"维多利亚"号

麦哲伦环球航行的功臣

麦哲伦的环球航行不仅开辟了新航线，还证明了地球是圆的，人们知道了地球上存在着一个统一的世界大洋，并且占据了地球表面的大部分，而完成这项创举的"特立尼达"号和"维多利亚"号功不可没。

15 世纪是欧洲地理大发现的黄金时期，以葡萄牙和西班牙为代表的欧洲国家，纷纷派出国内顶级的航海家出海探险，在海外开辟新的殖民地，以获得源源不断的财富。1492 年，哥伦布发现了美洲新大陆。1498 年，达·伽马开辟了印度航线。这些探险者的故事深深地激发了麦哲伦进行一次环球航行的想法。

❖ "维多利亚"号

开启环球航行之旅

麦哲伦是葡萄牙人，曾参加葡萄牙远征队到达东部非洲、马六甲和印度航海探险，积累了丰富的航海经验。他在东南亚参加殖民战争时了解到香料群岛东面还有一片海，他猜测那片海以东是美洲，并坚信地球是圆的，因此，他有了进行一次环球航行的想法。他向葡萄牙国王曼努埃尔一世申请组织船队进行环球航行，但是没

麦哲伦环球航行比郑和下西洋晚了 1 个多世纪。虽然他当时使用的船只的先进性和船队的规模都不及郑和船队，不过，他进行环球航行的意义是非常大的。

❖ 麦哲伦的家族徽章

西班牙国王宣布支持麦哲伦

麦哲伦曾向葡萄牙国王曼努埃尔一世申请组织船队进行环球航行，遭到了曼努埃尔一世的拒绝与嘲笑。因为这个时候，葡萄牙控制着香料路线，所以对麦哲伦提出的环球航行根本没有兴趣（1454年，葡萄牙与西班牙在大西洋问题上达成了协议，葡萄牙向东，而西班牙向西。葡萄牙几乎控制了整个大西洋向东的海上贸易通道，所以曼努埃尔一世对麦哲伦的航行计划毫无兴趣）。

麦哲伦只好在1517年离开祖国，投靠了西班牙，并告诉西班牙国王卡洛斯一世可以通过向西航行，打破葡萄牙对香料路线的控制。在利益的引诱下，1519年，卡洛斯一世宣布支持麦哲伦的环球航行计划，并许诺如果航行成功，麦哲伦可分享所得全部收入的5%，还可出任管辖新发现领地的行政长官。

❖ 葡萄牙国王曼努埃尔一世

在当时的香料产地东南亚，丁香、肉桂、豆蔻都不值钱，一枚金币就可以买好几袋，而在欧洲却非常昂贵。

欧洲冬天很寒冷，缺乏足够的饲料，必须大量宰杀牲畜并用香料腌制。欧洲不出产这种东西，香料价格极高。一小把丁香的价格，就价值一个西班牙金币。谁能搞到一袋香料，就会成为大富翁。

❖ 麦哲伦雕像

斐迪南·麦哲伦（1480—1521年），葡萄牙探险家、航海家、殖民者，为西班牙政府效力探险。麦哲伦出生于葡萄牙北部波尔图的一个没落的骑士家庭。16岁时，他被编入国家航海事务所，先后跟随葡萄牙远征队到过东部非洲、印度和马六甲等地探险和进行殖民活动。这段经历使他积累了丰富的航海经验。1519—1522年9月，麦哲伦率领船队进行环球航行，在菲律宾的部落冲突中，被一位名为拉普拉普的部落酋长杀死。船队在他死后继续向西航行，回到欧洲，完成了人类首次环球航行。

◆ 麦哲伦探险船队的 5 艘船

麦哲伦探险船队中很少有人有丰富的航海经验，因为他们中的许多人都是从监狱借来的罪犯。还有人加入是为了躲避债权人。许多经验丰富的西班牙水手拒绝加入麦哲伦的探险船队，可能因为他是葡萄牙人。

麦哲伦于 1519 年第一次在南美洲的航行中发现了该物种，后来即用他的名字命名为麦哲伦企鹅。麦哲伦企鹅算是较古老的鸟类，大约在 5000 万年前就已经在地球上生活了。除了少数例外，大多都生活在南极或接近南极的陆地和海洋中。

◆ 麦哲伦企鹅

有得到曼努埃尔一世的批准，因为曼努埃尔一世认为东方贸易已经被控制，没有必要再去开辟新航线了，而且麦哲伦随后被葡萄牙军队解雇。失望的麦哲伦离开了葡萄牙，来到西班牙的塞维利亚，塞维利亚的要塞总督非常欣赏他并把自己的女儿嫁给了他，而且将他推荐给了西班牙国王卡洛斯一世。当时卡洛斯一世迫切希望打破葡萄牙对东方贸易的垄断，因此，听了麦哲伦的计划后，他非常感兴趣，并同意资助麦哲伦的环球航行。

麦哲伦在卡洛斯一世的支持下，组建了一支由 5 艘船组成的探险船队，旗舰是一艘大型的卡拉维尔帆船"特立尼达"号，其排水量为 110 吨。其他 4 艘都是克拉克帆船，排水量均不足百吨，分别是"圣安东尼奥"号、"康塞普西翁"号、"维多利亚"号和"圣地亚哥"号。随行船员达 265 人，每艘船都配备了火枪和大炮，每个人都带着尖刀和短剑，并满载各种商品。虽然麦哲伦探险船队的船只不大，不过，这已经算是当时欧洲最先进的船只了。

麦哲伦探险船队在茫茫的太平洋上航行了3个月，看不见陆地，遇不到岛屿，食品成为最关键的难题，据说当时船上一只大老鼠甚至卖到半个杜卡特（威尼斯的货币单位）。但船员们抓到老鼠后，一般只会自己享用，根本就舍不得卖掉。

麦哲伦探险船队在旗舰"特立尼达"号的带领下，从西班牙的塞维利亚出发后，沿着瓜达尔基维尔河到达入海口的桑卢卡尔-德巴拉梅达海港，在那里做远航前的调整和准备之后，1519年9月20日，麦哲伦站在旗舰的舰首甲板上，手指着大海的方向，命令探险船队起航，驶向了茫茫的大海，麦哲伦的环球航行开启了。

麦哲伦之死

麦哲伦探险船队离开西班牙的桑卢卡尔-德巴拉梅达海港后，沿非洲西海岸南下再向西，先后到达里约热内卢和圣胡利安港。由于天寒地冻，麦哲伦探险船队在圣胡利安港过冬。1520年4月7日，由于粮食短缺，气候恶劣，船员们的情绪十分低落，船队内部发生叛乱，3名船长联合反对麦哲伦，并责令麦哲伦去和他们谈判。麦哲伦假装同意与他们谈判，并趁他们不备将其刺杀，一举平定了叛乱。5月，"圣地亚哥"号沉没，不过，船员们都获救了。一直到8月20日，麦哲伦探险船队才从圣胡利安港重新起航，沿大西洋海岸继续航行。1520年10月21日，他们进入一个航道曲折艰险的海峡，经过漫长、痛苦的航行，于1520年11月28日驶出海峡，进入风平浪静的大洋，为第一次环球航行开辟了胜利的航道。在这期间，"圣安东尼奥"号因迷路返回了西班牙。后人为了纪念麦哲伦对航海事业做出的贡献，把这段海峡称为麦哲伦海峡，而麦哲伦则把这个风平浪静的海洋称为太平洋。

❖ 关岛在被西班牙统治时期的建筑

麦哲伦海峡东连大西洋，西通太平洋，东西长580千米，南北宽3.3~33千米。

❖ 麦哲伦丧命地纪念碑

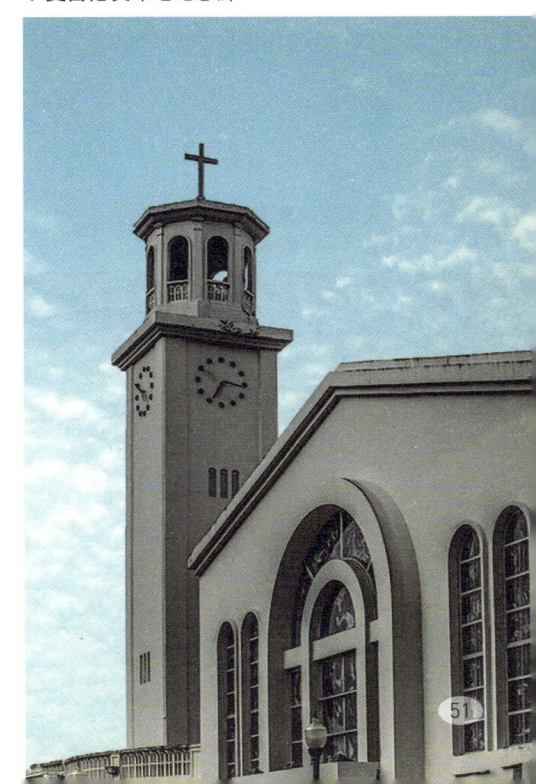

麦哲伦率领剩下的 3 艘船在太平洋上航行了 3 个多月，于 1521 年 4 月 7 日抵达菲律宾的宿务岛，并征服了宿务岛。之后，在征服马克坦岛的过程中，麦哲伦被原住民的一支标枪击中了大腿，当场摔倒，被追赶上来的原住民乱刀砍死，客死他乡。

麦哲伦探险船队抵达香料群岛

麦哲伦死后，他的助手埃里卡诺接管了探险船队，西班牙人与当地酋长（土王）及原住民之间的关系也变得紧张起来，又经过几次战争，西班牙人被原住民杀死许多，探险船队仅剩的 3 艘船只也都开始破损，"康塞普西翁"号更是无法航行，因而被遗弃。埃里卡诺带领仅剩的 150 人乘坐"维多利亚"号和"特立尼达"号离开了宿务岛，最终到达了被称为香料群岛的马鲁古群岛。

登岛后，埃里卡诺命人大量收集香料，将两艘船都装满，在起航时发现"特立尼达"号因缺少维修而开始漏水，为了不错过西行的季风，埃里卡诺只能将"特立尼达"号留下来维修，自己亲自指挥"维多利亚"号西行。

❖ 麦哲伦死后的继任者埃里卡诺

埃里卡诺的全名为胡安·塞巴斯蒂安·埃里卡诺，是一位西班牙籍水手，也是一个靠流浪和贩运违禁品而生活的冒险家。他凭借丰富的航海经验，得到了西班牙国王的赏识，后来成为麦哲伦探险船队的一员。麦哲伦死后，他率领船队完成了环球航行。

❖ 麦哲伦探险船队唯一幸存的船——"维多利亚"号

"维多利亚"号完成了第一次环球航行

早在欧洲人听说香料群岛之前，马鲁古群岛北部的丁香及中部岛屿的肉豆蔻已在亚洲交易。1511 年，葡萄牙人到达此地，并且很快就以武力控制了这里的香料贸易。此外，欧洲向东进入香料群岛的航线也都在葡萄牙

❖ 停泊的麦哲伦探险船队之"维多利亚"号——版画

人的控制之下。如今，西班牙绕过葡萄牙控制的航线向西进入了香料群岛，而且满载而归，这让葡萄牙人很愤怒，于是，他们就想截获"维多利亚"号，埃里卡诺发现势头不对，只能逃跑，经过近10个月的航行后，他们于1522年9月6日驶入西班牙的圣路卡尔港，带回了满船的香料。

马鲁古群岛古时即以盛产丁香、豆蔻和胡椒闻名于世，被早期印度、中国和阿拉伯商人称为"香料群岛"。

"维多利亚"号代表麦哲伦探险船队，历时3年完成了环球航行，用行动证明了地球是圆的，结束了长达几个世纪的争论。

❖ "特立尼达"号
智利蓬塔阿雷纳斯的城市广场上有一座记述麦哲伦事迹的雕塑，最大、最前面的那艘船就是麦哲伦的旗舰"特立尼达"号。

❖ "特立尼达"号为卡拉维尔帆船

15世纪时的西班牙和葡萄牙普遍装备的是当时盛行的卡拉维尔帆船。从地理大发现开始，卡拉维尔帆船便开始添加了远洋航行的特性，人们尝试以三桅代替两桅，并把横帆和三角帆混合使用，提高了远洋航行所需的速度。此外，还将卡拉维尔帆船的艏楼及艉楼增高，以提供远洋航行所需的稳定性。

没能完成环球航行的旗舰

作为麦哲伦探险船队旗舰的"特立尼达"号却没有那么幸运，它因漏水被留在香料群岛的蒂多雷岛上维修，由海军军官埃斯皮诺萨任新船长。船只的修理时间耗费了3个多月，错过了西行的季风，所以埃斯皮诺萨决定向东原路返回。1522年4月6日，"特立尼达"号带着60人向东方前进，期望能横跨太平洋，通过麦哲伦海峡，由大西洋回到西班牙。

指南针是由我国发明的，约在12世纪时，由波斯人带入欧洲，到了16世纪麦哲伦环球航行时，使用的是经过改良的指南针。

❖ 16世纪初的指南针

埃斯皮诺萨是个军人，却不是航海家，要想让一艘装满香料的船只横跨太平洋，简直比登天都难，但是作为军官，他又必须担起这个责任。"特立尼达"号起航没多久就遇到暴风雨，很快迷失了方向，在大海上漫无目的地航行了5个月后，船员们开始绝望，有人选择停留在太平洋的无名岛上，有人得了坏血病，有人则因为食物匮乏、缺少淡水而死亡，最后只剩下包括埃斯皮诺萨在内的20人阴差阳错地抵达了菲律宾岛。他们刚上岸就被葡萄牙人抓住，而"特立尼达"号则被葡萄牙人拆解了装备后遗弃在港口，后来因风暴袭击而沉没。原本应该属于它的殊荣，也随着它的沉没而不再被人提起。

"特立尼达"号作为麦哲伦的旗舰，从西班牙出发，一路披荆斩棘、伤痕累累地抵达了香料群岛，它最终的结局却让人感叹。

"金鹿"号

英国海盗德雷克的旗舰

"金鹿"号是一艘英格兰盖伦船（西班牙式大帆船），因英国探险家、著名海盗德雷克曾将其作为旗舰，并先后进行了环球航行而成为英国的名舰，被世人知晓。

德雷克是16世纪最有名的英国海盗之一，他指挥着"金鹿"号在大西洋上往来穿梭，成为西班牙和葡萄牙运宝船队的噩梦。

女王大量颁发"私掠许可证"

自从1492年哥伦布发现美洲大陆以后，西班牙和葡萄牙掀起了铺天盖地的殖民浪潮。到16世纪，西班牙征服了美洲大部分地区，来自美洲的金银财宝源源不断地流入西班牙；葡萄牙则占据了巴西，还在西非、印度、印度尼西亚等地建立大批贸易据点，垄断了丝绸、香料、茶叶等东方奢侈品的贸易。

1559年1月，伊丽莎白一世加冕为英国女王，此时英国国内混乱一团，国库空虚，在欧洲势力版图上显得无足轻重。为了在短时间内增强国力，受西班牙和葡萄牙海外探险高额回报的诱惑，伊丽莎白一世大量招募海盗船长，给他们颁

❖ "金鹿"号
这是英国为了纪念德雷克而发行的纪念币，其背面是德雷克的旗舰"金鹿"号。

❖ 海盗德雷克
德雷克（1540—1596年）的全名为弗朗西斯·德雷克，是英国皇家海盗的先驱者，也是当时最负盛名的海盗船长。德雷克于1540年出生在一个贫穷的家庭，他有11个兄弟姐妹。德雷克5岁时，举家迁到肯特郡，在麦德威河边定居下来，而家门口就是英国的皇家造船厂。因生计所迫，德雷克13岁时就上船当学徒工，随船来往于泰晤士河和英吉利海峡。26岁开始加入海盗船队，前往新世界淘金。

❖ 西班牙运宝船

❖ 16 世纪的海盗船

"私掠许可证"是英国政府授予本国私人船只在战争时期攻击和劫掠敌国商船的权力证明。在当时，海盗被抓获是要上绞刑架的，但如果拥有"私掠许可证"，就可以声称自己是奉命行事，享受战俘待遇。

伊丽莎白一世在发售"私掠许可证"时，不仅要求海盗船保证不袭击本国商船，同时，还要求他们向国家交纳非常高的收入税。据资料记载，海盗的贡金高达 20%。

❖ "金鹿"号船首有一只金色鹿的浮雕

发"私掠许可证"，使他们成为英国皇家海盗，奉旨在海上抢劫。这个时期，英国海盗船源源不断地从各个海域将大量的财宝运回国内，充实了英国的国库。其中，德雷克的"金鹿"号就是当时最有名的一艘海盗船。

"金鹿"号原名"鹈鹕"号

"金鹿"号原名"鹈鹕"号，是一艘三桅盖伦船，其长 23~25 米，吃水线原为 2.75 米，后来增加到 3.97 米，船上有 18 门加农炮。德雷克凭借着英国女王颁发的"私掠许可证"，指挥"鹈鹕"号在大西洋、加勒比海海域出没，袭击和抢劫西班牙的运宝船队，因战绩突出，成为英国女王的亲信。

发现德雷克海峡

为了获得更多的财富，1577 年，德雷克再次出海。德雷克这次没有像以往一样在大西洋和加勒比海劫掠，而是以"鹈鹕"号为旗舰，率领船队准备通过麦哲伦海峡进入被西班牙完全控制的太平洋海域，不

德雷克海峡位于南美洲南端与南设得兰群岛之间，长300千米，宽900～970千米，平均水深3400米，最深5248米。它是世界上最宽且最深的海峡。实际上德雷克并不是第一个通过这个海峡的人，1615年斯科顿率领佛兰芒探险队第一次通过德雷克海峡。

过，德雷克的船队刚抵达南美洲海域，就被在大西洋海面上巡弋的西班牙海军发现。面对强大的西班牙海军，德雷克只能指挥"鹈鹕"号边战边往南逃，在逃跑的过程中，德雷克发现了南美洲最南端和南极洲南设得兰群岛之间有一个超大的海峡，但是由于不熟悉海峡的情况，德雷克指挥"鹈鹕"号继续按照既定路线通过麦哲伦海峡进入了太平洋，抵达了南美洲的西岸。德雷克在南美洲最南端和南极洲南设得兰群岛之间发现的那个海峡，后来被称为德雷克海峡，它是沟通太平洋和大西洋的重要海上通道之一。他为英国找到了一条不需要经过麦哲伦海峡而进入太平洋的新航道。

德雷克通过麦哲伦海峡后，即以这次劫掠的资助人海顿爵士的徽章上的吉祥物金鹿为名，将"鹈鹕"号改名为"金鹿"号。

❖ 鹈鹕

鹈鹕体重可达13千克，体长140~175厘米，体形粗短肥胖，颈细长，嘴大，是现存鸟类中个体最大的之一。

鹈鹕在水上的战斗力很强，可以"完虐"大部分鸟类，它们除了自己捕鱼之外，还时常会"截胡"鸬鹚、鹭、鹳等刚捕到的鱼，稍有不顺心，还会直接张开大嘴，将这些鸟类直接吞食，因此它们被称为"强盗"中的一员。

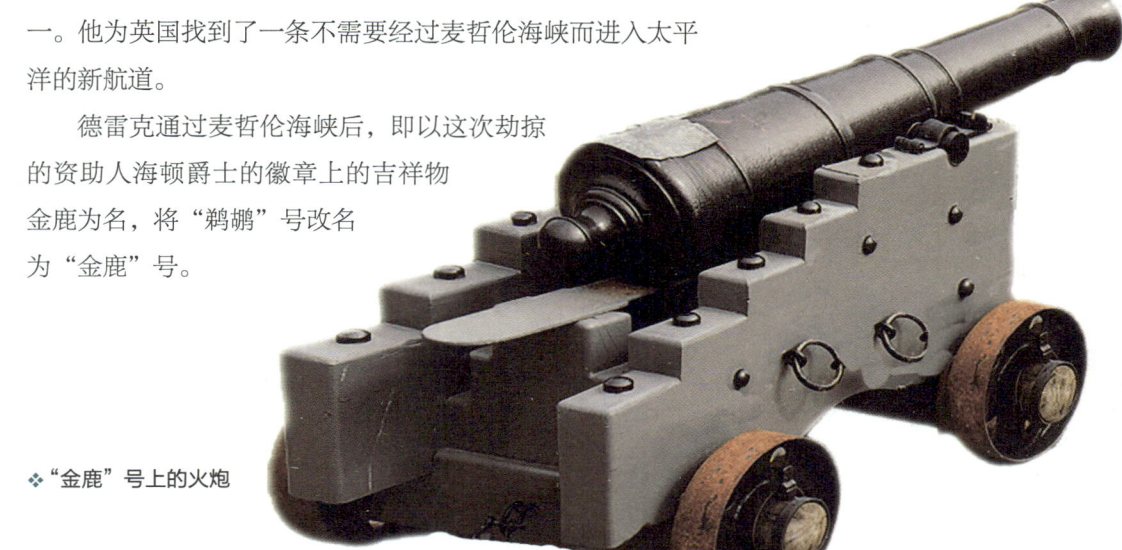

❖ "金鹿"号上的火炮

在太平洋战果颇丰

西班牙在南美洲西岸的据点没什么防御工事，因为西班牙人根本没想到有海盗船能逃脱西班牙海军的海上封锁而抵达太平洋，德雷克指挥"金鹿"号突然出现，并如飓风般地攻击了南美洲西岸的西班牙港口，抢了一大堆金银财宝。

德雷克在南美洲西岸大肆抢劫的过程中，获知西班牙有一艘满载金银财宝的运输船"卡卡弗戈"号，正从秘鲁驶向巴拿马城。

于是，德雷克乘坐"金鹿"号提前抵达巴拿马外海设伏。1579年3月3日，远道而来的"卡卡弗戈"号在毫无防备的情况下被德雷克逮个正着，经过短暂的炮战后，"卡卡弗戈"号投降，此战，德雷克抢到黄金80磅、白银20吨、银币13箱，以及数箱珍珠宝石。德雷克和同伙花了整整4天的时间才把所有战利品驳装上海盗船。

❖ **德雷克缴获的财宝**
16世纪是属于西班牙帝国的黄金时代，在哈布斯堡家族的查理五世和腓力二世的励精图治下，西班牙走向了完全的统一，疆域包含了整个伊比利亚半岛、意大利南部、尼德兰地区以及广阔的美洲殖民地，成为历史上第一个"日不落帝国"，全世界80%的黄金和白银都源源不断地运往西班牙，这些财宝很快被英国皇家海盗们盯上了，其中仅德雷克就劫掠了西班牙大量财富，其中最有名的一次就是劫掠了一艘满载金银财宝的西班牙运宝船"卡卡弗戈"号。

❖ **海盗德雷克的旗舰"金鹿"号**
"金鹿"号的复制品停泊在泰晤士河岸，其壮观的船身上立着高高的桅杆，古旧的木色让人浮想联翩。

❖ 伊丽莎白一世登上德雷克的旗舰

第一个环绕地球航行的英国人

德雷克打劫"卡卡弗戈"号得手以后，利用缴获的西班牙海图，穿过太平洋和印度洋，绕过好望角回到大西洋，经过一年多的航行后回到英国，这使德雷克成为第一个环绕地球航行的英国人，"金鹿"号也因此闻名于世。

1580年9月26日，德雷克船队满载财宝驶进英国的普利茅斯港，受到隆重欢迎。伊丽莎白一世亲自登上"金鹿"号，在甲板上授予德雷克骑士爵位，并任命他为普利茅斯市长。

伊丽莎白一世对德雷克的表彰理所应当，因为英国王室在德雷克身上的每1英镑投资，都获得了47英镑的回报。

自此以后，德雷克成为英国人的英雄，他乘坐"金鹿"号一直征战于大西洋、加勒比海和太平洋海域，太平洋再也不是西班牙一家的天下了。

英国女王伊丽莎白一世亲自登上"金鹿"号，嘉奖德雷克他们的环球航行壮举。德雷克怕船上的海盗对女王不礼貌，所以命令他们举起右手，遮住眼睛，不准看女王！

女王看到甲板上的船员们举右手遮眼的怪异姿态，问道："他们在干什么？"德雷克机智地回答："这是海盗的特有礼节，他们在向陛下您致敬呢！"女王莞尔一笑，封德雷克为骑士。

据说，英国从海盗活动中掠夺的财富总计达1200万英镑之多，这使西班牙威名扫地，财政损失惨重。

据有关资料介绍，德雷克在海盗生涯中共抢掠了价值约150万英镑的金银。他将其中的40%献给了英国女王伊丽莎白一世。

"复仇"号

打败西班牙无敌舰队时的旗舰

德雷克的旗舰除了"金鹿"号之外,还有一艘非常有名的"复仇"号,它是德雷克打败强大的西班牙无敌舰队时的旗舰。

英国海盗们奉旨抢劫,使整个海域不再太平,西班牙从美洲运往欧洲的运宝船,经常被英国皇家海盗袭击,严重地威胁着西班牙对殖民地的垄断和控制地位。

打败西班牙无敌舰队

16世纪后期,英国和西班牙两国之间的贸易冲突,西班牙国王腓力二世与英国女王伊丽莎白一世之间的恩恩怨怨,英国皇家海盗对西班牙运宝船队的袭击等,彻底激化了两国之间的矛盾。1588年,西班牙派出"无敌舰队"(字面意思是"最幸运的舰队或不可击败的舰队")出征英国,无敌舰队大约有130艘舰船,每艘舰船的船首和船尾都建有高大的船楼,舰队载有

❖ "复仇"号模型

"复仇"号是英国海盗德雷克在抗击西班牙"无敌舰队"的海战中乘坐的旗舰,因此一战成名。

和西班牙战舰上的人员分工严谨细致不同,德雷克率领的英国军舰上的士兵一般都可以当作水手使用,而水手在需要的时候也可以操炮和射击,这样,德雷克的士兵在海战中,能够承受战损而依然战力不减。

8000名士兵、18 000名水手和3000余门大炮。英国获知西班牙入侵的消息后,便派出由霍华德和德雷克统领的舰队迎战,其中霍华德为主帅,德雷克为副帅。

英国舰队筹集了197艘战舰,以"复仇"号为旗舰,每一艘都经过了精心改良,针对西班牙巨舰的重心高、航速慢、灵活性差、航行平稳、抗风浪能力很强等特点做了应对方案,英国舰队都以快舰为主,吨位比西班牙无敌舰队的战舰要小很多,体形窄长,船舷较低,而且完全取消了前船楼,缩小了后船楼,这样使重心大大降低,可以装备大口径重炮而不至于影响船身的稳定性。因此,英国的这些舰船虽不如无敌舰队的气势恢弘,但在作战的机动性和灵活性方面却远远超过西班牙舰船。

❖ 西班牙无敌舰队

❖ 英国与西班牙开战插画
英国女王伊丽莎白一世获知西班牙无敌舰队入侵的消息后,挥舞长剑,命德雷克率舰队迎战。

这是18世纪的照相凹版画,内容是西班牙无敌舰队部分将士在"复仇"号上向德雷克投降的场面。
❖ 西班牙无敌舰队部分将士投降

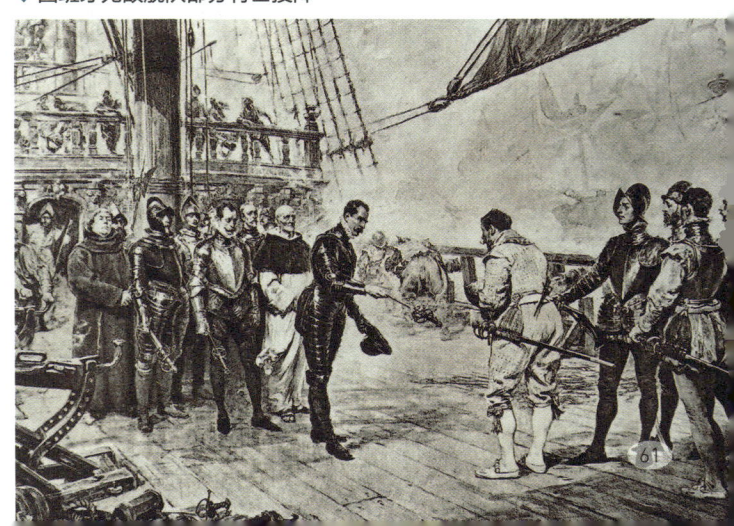

1588年夏天,英国舰队打败西班牙无敌舰队的加莱海战,与公元前480年的萨拉米斯海战,1805年的特拉法加海战,以及1916年的日德兰海战一起,被史学家称为世界历史上著名的四大海战。

1588 年 7 月 22 日，英西两国海军在加莱海域正式开战。德雷克亲自立于"复仇"号船首，指挥舰队占据上风位置。西班牙无敌舰队长途航行至加莱海域，还未来得及休息调整，便遭到了以"复仇"号为首的英国战舰的打击。当时欧洲最强大的西班牙无敌舰队，低估了英国战舰的厉害，瞬间陷入慌乱。整场战役西班牙无敌舰队损失了近一半以上的战舰，英国海军大获全胜。此战后，西班牙暂时丧失了大西洋的霸权，英国获得控制大西洋的主动权，萌生了成为"日不落帝国"的想法。

威力巨大的"复仇"号

"复仇"号是英国新一代快舰的代表作，它是一艘四桅帆船，建于 1574 年，排水量 500 吨，长 36 米，宽 9.6 米，船上有两层甲板，每层甲板上都装有 18 门火炮，下层甲板上的火炮属于重炮（口径约为 14 厘米），而上层甲板上的火炮略轻（口径约为 11 厘米），此外，在舰首和舰舷上还装有众多小口径火炮。

"复仇"号可乘坐士兵 250 人，西班牙无敌舰队上的人员分工明确，就好像工厂的流水线，每个

❖ 德雷克之鼓

德雷克之鼓现存于英国德文郡的塔维斯托克的一座修道院里，原物坏了，这个是古代的复制品。德雷克在英国一直被视作英雄，英国有一首民谣叫作《德雷克的鼓》，大意是说如果英国蒙难，只要德雷克的鼓又响了，他就一定会回来为英国解难。

德雷克的海盗船队因为在击败西班牙无敌舰队的战争中起到了至关重要的作用，战后德雷克被封为英格兰勋爵，登上海盗史上的最高峰。

❖ 打败西班牙无敌舰队的德雷克

1588 年，西班牙无敌舰队在海上被英国击溃后，西班牙从此一蹶不振。面对尼德兰（荷兰）的反抗，已经没有了有效的镇压能力。之后，1609 年，西班牙国王腓力三世与荷兰共和国缔结《十二年休战协定》，实际上承认了荷兰共和国的独立。

❖ 英西加莱海战

英西加莱海战也被称为格拉沃利讷海战，是英西战争的组成部分。该事件最重要的影响之一是西班牙无敌舰队的失败。西班牙此役后不得不暂时放弃在英国沿岸侵略的企图。

人都有各自固定的岗位，而"复仇"号则不同，它上面的每个人既是水手，又是战士，同时还是炮手，这样更有利于海战。即便是战斗中人员伤亡很大，也不至于降低整艘战舰的战斗力。因此，在1588年英西加莱海战中，"复仇"号带领英国舰队一战成名。

英国舰队由于加莱海战的胜利，打破了西葡帝国在大西洋上的制海权，从而能对西班牙沿岸进行劫掠性的侵袭，英国开始掌握海洋主动权。

❖《伊丽莎白一世无敌舰队肖像》

这是战胜西班牙无敌舰队后，画家乔治·高尔为女王画的肖像，图中的伊丽莎白一世浑身洋溢着皇家威严气势，一只手放在地球仪上，仿佛全世界尽在她的掌握之中，脖子上戴着由600颗珍珠串成的珍珠项链。

最后的"复仇"号

英西加莱海战后不久,"复仇"号便成为格兰威尔爵士(德雷克的政敌)的旗舰,德雷克依旧以"金鹿"号为旗舰持续与西班牙征战,又多次袭击了西班牙在美洲的殖民地,抢劫的财物不计其数。1595年,德雷克在一次出航中染上了可怕的痢疾,1596年1月28日,他因病逝于巴拿马。

1591年,伊丽莎白一世派遣英国私掠舰队司令霍华德(诺福克公爵),率舰队拦截西班牙的一支运输船队,格兰威尔爵士的旗舰"复仇"号便是英国私掠舰队中的一艘。

当英国私掠舰队与西班牙运输船队相遇时,发现对方竟然有30多艘西班牙战舰护航,霍华德只能下令撤退。但是,格兰威尔爵士却不甘未战而撤,擅自指挥"复仇"号冲向西班牙舰队,以一敌众,在西班牙舰队的阵列中横冲直撞,激战了数小时,击沉西班牙巨舰4艘,重创16艘,"复仇"号也因以少敌众、弹药耗尽而被西班牙舰队围捕,被群炮轰炸得千疮百孔,身负重伤的格兰威尔爵士和剩下的20名士兵被迫投降,格兰威尔爵士在次日不治身亡,"复仇"号也在风暴中和西班牙的16艘被重创的巨舰一起沉没于大海之中。

❖ "复仇"号

❖ 格兰威尔爵士

"安妮女王复仇"号

海盗"黑胡子"的旗舰

"安妮女王复仇"号是臭名昭著的海盗"黑胡子"的旗舰,"黑胡子"依靠它在大海上肆无忌惮地抢劫,靠着血腥杀戮成为当时最富传奇色彩的海盗,"安妮女王复仇"号也成为一艘令人恐惧的海盗船。

"安妮女王复仇"号是18世纪初活跃在加勒比海的一艘让人闻风丧胆的海盗船,它的主人是历史上臭名昭著的海盗——"黑胡子"。

"黑胡子"的早期海盗生涯

"黑胡子"原名爱德华·蒂奇,1680年出生于英国的布里斯托尔,当时英国正处于动荡的年代,与西班牙一直处于交战状态,为了打击西班牙的海上贸易,英国政府默许英国武装商船,实际上就是有私掠许可证的海盗船在海上攻击或者劫掠西班牙商船。蒂奇十几岁时便登上了英国海盗船,成为一名水手或者说是海盗。

❖"安妮女王复仇"号的模型

看过动漫《海贼王》的人都知道里面的大反派"黑胡子",而他的原型就是"安妮女王复仇"号的主人爱德华·蒂奇。

❖《海贼王》中的"黑胡子"

❖《加勒比海盗 4》中的"黑胡子"

蒂奇之所以被称为"黑胡子",就是因为他的胡子特别浓密,他常将其扎成小辫子。他的形象曾出现在《加勒比海盗4》《黑胡子大盗》和动漫《海贼王》中。

成年后,蒂奇留起了一脸浓密的黑胡子,有时还会将胡子编成小辫,他因此获得了"黑胡子"的绰号。

在英国政府的许可下,英国武装商船的队伍越来越大,甚至很多人都成了职业海盗,他们成了各国商船的噩梦。后来,这些英国武装商船不仅抢劫西班牙和其他国家的商船,甚至连英国的商船都不放过,因此,当时的英国安妮女王下令英国武装商船停止对各国商船的攻击。

英国武装商船没有了英国政府的庇佑,有些人被迫改行,有些人则继续沉迷于不劳而获的海盗生活中,"黑胡子"蒂奇就是后者之一。

"黑胡子"拥有了自己的旗舰

"黑胡子"不愿意受英国政府制度的束缚,为了继续海盗生涯,1716 年,他离开了英国武装商船,来到了巴哈马群岛的新普罗维登斯岛,加入了加勒比海最大的海盗团——本杰明·霍尼戈尔德船长海盗团。

17 世纪末至 18 世纪初被历史学家公认为加勒比海盗的黄金时代,当然,所谓黄金时代只是针对海盗而言,对无法绕过这片魔鬼海域的欧美商船来说,那满眼骷髅旗的 30 年是最黑暗的时代。

"黑胡子"以其暴力和残忍，很快成为本杰明·霍尼戈尔德船长海盗团的骨干，并成为一艘小海盗船的船长。"黑胡子"给他的第一艘海盗船起名为"复仇"号（注意！这不是"安妮女王复仇"号）。这艘船虽然不大，但也拥有6门大炮和70名水手。

"黑胡子"指挥"复仇"号在加勒比海及周边海域活动，第一次出航就遇到了一艘从非洲到美洲贩卖奴隶和运送珠宝的大商船"南特的协和"号，"黑胡子"指挥"复仇"号很快就靠了上去，"南特的协和"号几乎没有什么反抗就投降了，"黑胡子"与手下登上了这艘满载财宝的大商船，船上除了有数量众多的奴隶之外，还满载着黄金、白银和宝石。

"黑胡子"夺取的这艘"南特的协和"号比"复仇"号大很多，因此，他将它进行了全面改装，还加装了火炮，然后悬挂上黑色底印有一颗血红色的心和白色骷髅头的旗帜，随后将其改名为"安妮女王复仇"号，将它作为自己的旗舰。

❖ "黑胡子"的旗帜

"黑胡子"的旗帜上画着死神手拿沙漏，并用长矛对准心脏，好像是告诉对手"你的时间不多了"。

❖《加勒比海盗4》中的"安妮女王复仇"号

67

❖ "南特的协和"号

安妮女王是1702—1714年在位的英格兰和苏格兰女王,她在位期间爆发了法国与英国为了争夺北美殖民地控制权的战争,许多英国人认为英国在这场战争中吃了大亏,所以才有了"安妮女王复仇"号这样的舰名。

❖ 安妮女王

在"安妮女王复仇"号之前

最早于1710年,"协和"号由英国的造船厂建造,它是一艘三桅帆船,长约30米,主要用作英国武装商船,一年后,在一次海上航行时被法国私掠船俘获,然后改装成类似荷兰弗鲁特商船的样子,被西班牙人买走。1713年,它再次被法国私掠船俘虏后卖给了法国商人,法国商人又将它改成贩奴船,并装载了16门炮,重新命名为"南特的协和"号。

1717年3月24日,"南特的协和"号载员75人离开法国,7月8日抵达西非威达港装载了奴隶和金沙等,在穿越大西洋的过程中遭遇了狂风暴雨的袭击,船上的所有人员几乎都筋疲力尽。

"南特的协和"号好不容易穿越了大西洋,进入加勒比海域,又遭遇了海盗船的攻击,这群海盗不是别人,正是"黑胡子"。由于"南特的协和"号刚经历了大西洋风暴,船上的船员失去了一大半,而且剩下的人也都患上了坏血病和痢疾,面对臭名昭著的海盗"黑胡子",只能任人宰割。

"黑胡子"的海盗队伍大大扩充

"黑胡子"及手下的海盗们搜刮了"南特的协和"号上的每个角落，在武力压制下，船上身体强壮的领航员、厨师、医生、木匠、水手和一些奴隶等被招募为海盗，剩下的体弱多病的人都被流放到了附近的荒岛上。

"南特的协和"号是"黑胡子"俘获过的最豪华的船只，所以他将它开到了格林纳丁斯的贝基亚岛进行了全面改装，将火炮扩充到36门，并将其改名为"安妮女王复仇"号，向大不列颠的安妮女王致敬。

经过这次劫掠后，"黑胡子"的海盗队伍大大扩充了，他的气焰变得无比嚣张，短短数月内，他的船队扩大为4艘海盗船。慢慢地，他与本杰明·霍尼戈尔德船长之间出现了很大的分歧。

霍尼戈尔德船长的原则是不碰英国船只，更不会去和各国海军作对，而"黑胡子"则不同，他不管这些，相比于金银财宝，他似乎对战斗本身更感兴趣，不管是本国商船还是海军，只要他看着不爽，就会指挥"安妮女王复仇"号冲上去拼命。

有一种说法是"黑胡子"脱离了本杰明·霍尼戈尔德，开始独立带领船只开启海盗船长的生涯。另一种说法是"黑胡子"取代了霍尼戈尔德船长，成为加勒比海的海盗王。

❖ 朗姆酒

据说，"黑胡子"力大如牛、酒量过人，他可以豪饮一夜朗姆酒，精神百倍地厮杀一天，然后晚上继续喝酒，可以夜以继日地喝酒战斗，好像有用不完的力气；他甚至嫌烈性的朗姆酒不够劲，还常常在酒里撒上一把火药，然后一饮而尽。

❖ 游戏《刺客信条》中的本杰明·霍尼戈尔德船长

本杰明·霍尼戈尔德船长（1680—1719年），或称本·霍尼戈尔德，是一名18世纪的英国海盗。他的海盗生涯从1715年开始，后因与"黑胡子"意见不同而被排挤，1718年1月，他前往牙买加用大量财富获得了当地总督的特赦，之后又成为巴哈马总督伍兹·罗杰斯的手下，成为一名海盗猎手，开始追捕以前的同伴。1719年，在一次追捕海盗的过程中因触礁失事而丧命。

❖ 马德拉葡萄酒

酒是海盗们的最爱，海盗们大多喜欢喝甘蔗酿造的朗姆酒，其酒性如烈火，并且在单调的饮食中能够给船员补充维生素 C，防止败血病的发生。不过，"黑胡子"最爱的却是马德拉葡萄酒。

"黑胡子"抢劫英国皇家海军护卫的商船

大部分海盗都不会与正规的海军为敌，尤其是面对当时强盛的英国皇家海军，即便是狭路相逢，也会尽量避免正面交锋，除非陷入绝境。然而"黑胡子"却不同，尤其是有了"安妮女王复仇"号后，其战斗力变得更强，他更加肆无忌惮地在加勒比海上"狩猎"。有一次，他指挥"安妮女王复仇"号直接进入英国皇家海军的海防区，抢劫了受英国皇家海军护卫的英国商船"爱伦"号。这是对英国皇家海军赤裸裸地挑衅。

英国皇家海军的装备远胜于"黑胡子"，于是朝"黑胡子"开火，"黑胡子"一点儿都不惧怕，也不逃跑，而是指挥"安妮女王复仇"号避开炮击，然后直接朝着英国军舰撞了过去，这种自杀式的举动将英国军舰上的官兵吓破了胆，一时间手足无措。

"黑胡子"则乘机指挥海盗们对着英国军舰疯狂扫射，使英国军舰狼狈逃窜，此战之后，在整个大西洋、加勒比海来往的船只要听到"黑胡子"和"安妮女王复仇"号无不望风而逃。

海盗船上虽然搭载有大炮，但是为了掠夺对方的船只，船上的战斗是不可避免的，各种刀剑是不可缺少的武器。在初期，海盗们使用的是被称为"双刃长剑"的剑。这是一种 16 世纪中叶出现的刺杀用剑，由于剑身过长，在狭窄的船上挥动时经常出现因碰撞障碍物而折断的情况。于是，一种被称为"水手刀"的短刀出现了。"黑胡子"则喜欢将长剑和短刀都配于腰间，战斗时更是刀剑齐舞，疯狂无比。

❖ 海盗们使用的刀剑

双刃长剑

水手刀

"黑胡子"公然抢劫英国皇家海军护佑的商船，这让英国政府很没面子，于是组织了大量英国皇家海军军舰，欲将"黑胡子"消灭。没想到，这时"黑胡子"和他的旗舰销声匿迹了。

过了两年，风声过去后，"黑胡子"和他的"安妮女王

复仇"号又出现在加勒比海和大西洋上。只要是被他发现的船只,无论是商船还是军舰,他都会指挥"安妮女王复仇"号毫不留情地冲上去抢劫。

"黑胡子"围攻查尔斯顿

18世纪初正是海盗横行的时期,"黑胡子"靠着血腥的恶行和极其残忍的手段,在众多海盗中脱颖而出。

1718年5月,"黑胡子"的势力达到巅峰,他自称"准将",成功地实现了堪称海盗界中最大胆的突袭。

"黑胡子"以"安妮女王复仇"号为旗舰,率领4艘海盗船,穿过巴哈马群岛来到北美洲海岸,封锁了南卡罗来纳州首府查尔斯顿的港口近一个星期,他们搜刮了所有试图进出港口的船只,然后绑架了不少人质和市政议会的议员,并开出高额赎金,强迫查尔斯顿市政府换取人质的自由,否则就会砍下这些人质的脑袋。面对这些亡命之徒,查尔斯顿市政府不得不满足了他们的要求。

这次封锁查尔斯顿的港口,使"黑胡子"的海盗船上不仅装满了棉花、烟草和药品,还获得了150万英镑的赎金。临走时,"黑胡子"还指挥手下放了一把大火,一时间港内火光冲天,港内的船只尽数被烧毁。

❖ 电影《恋恋笔记本》中的查尔斯顿海滩

查尔斯顿市是美国一座仅有8万人口的古老城市,始建于1670年,1790年以前一直是南卡罗来纳州的首府,也是美国独立前南方最富有的小城镇和费城以南的最大港口。在美国独立前,这里一直受英国政府的管辖,"黑胡子"袭击并封锁查尔斯顿,就是发生在这段时间内。这里有美国最早的海关、美国最早的黑奴交易市场、美国南北战争纪念碑(这里被称为美国内战开始的地方,1861年4月12日清晨,南方军从这里向萨姆特堡轰出了第一发炮弹,美国内战从此拉开帷幕),还有历史悠久的古炮台。

这里曾是美国最早的黑奴交易市场,如今是一处集吃、喝、玩、乐于一体的大型百货商品交易市场。

❖ 查尔斯顿市的百货商品交易市场

"黑胡子"残忍至极,而且贪得无厌

"黑胡子"残忍至极,而且贪得无厌,每次得手后不但滥杀无辜,而且就连他手下也不放过。据说,每当抢掠到一批财宝,"黑胡子"都会带着一名手下一同前往一个秘密地点埋藏财宝,然而,当财宝埋到半截时,"黑胡子"就会从背后突袭杀死这名手下,然后将他的尸体和财宝一起埋下。

"黑胡子"在查尔斯顿获得巨款,足够他终生无忧,于是他又想要独吞。在撤离的过程中,4艘海盗船中包括"安妮女王复仇"号在内的3艘都搁浅在一座孤岛边。于是,"黑胡子"命人将财宝都聚集到仅剩的"冒险者"号上,再让海盗们想办法检查维修3艘搁浅的船只,然后他和一些心腹乘机驾驶"冒险者"号离开了孤岛,将跟着自己出生入死的大部分手下和旗舰"安妮女王复仇"号都抛弃了。

"黑胡子"每劫到一艘船,都下令把旅客双手捆住,再蒙住他们的双眼,用利剑威逼着他们一个接一个在船舷上跳进大海,直到整船的旅客全部死光为止。这是当时海盗中常见的虐待俘虏的方式——"走木板"。直到19世纪,加勒比海盗还常以此惩罚敌人、据记载,1829年,一艘200吨的荷兰货船在加勒比海被海盗船截获,海盗们强迫船员们依次"走木板"坠海。

❖ 残忍的"黑胡子"

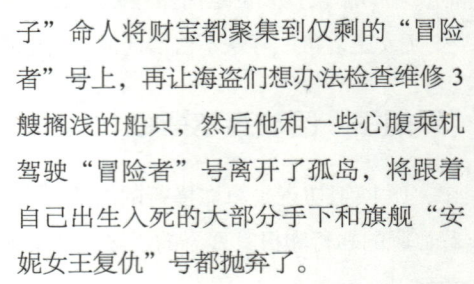

"黑胡子"之死

"黑胡子"的一切行为都是在玩火自焚,自从查尔斯顿被洗劫之后,南卡罗来纳州便开始组织悬赏抓捕这伙海盗,悬赏内容为:"抓到'黑胡子'本人奖100英镑;抓到其他的海盗船长奖40英镑;抓到他手下干将奖20英镑;抓到下级头目奖15英镑;抓到普通海盗奖10英镑。"

英国皇家海军派出了"珍珠"号和"里姆"号两艘战舰,帮助南卡罗来纳州捉拿罪大恶极的"黑胡子"。

据说在"黑胡子"封锁查尔斯顿期间,曾经扣押了查尔斯顿的百万富翁塞缪尔莱格和他的儿子。塞缪尔莱格求饶道:"发发慈悲,先把我的儿子放了吧。"而他得到的回答是:"你想让'黑胡子'发慈悲,除非你看到魔鬼做祈祷。"

同时,被"黑胡子"抛弃在荒岛上的海盗获救后,对"黑胡子"这种无情无义的人恨之入骨,也纷纷加入抓捕"黑胡子"的行列之中,他们联系了被"黑胡子"伤害的商人和种植园主等一起组织了抓捕队伍。

"黑胡子"从一个威信极高的海盗,一下子成为海盗圈内被鄙视的魔鬼,如过街老鼠,人人喊打。

1718年秋,"黑胡子"的"冒险者"号停泊在奥克拉库克湾,随即被人举报,英国皇家海军的"珍珠"号和"里姆"号立刻前往围剿。虽然战争非常激烈,"黑胡子"一贯地"自杀式"攻击使英国皇家海军损失很大,但是最终"黑胡子"被英军打死,头颅被割下悬挂在桅杆之上,躯体被推入了大海喂了鲨鱼。

❖ 最后一战,被一群战士包围的"黑胡子"

"黑胡子"死后,据说士兵们清理战场时,在他身上总共发现有25处刀伤和5处枪伤。

"黑胡子"的宝藏之谜

臭名昭著的"黑胡子"的生命到了终点,但是他的宝藏和"安妮女王复仇"号的故事却一直在加勒比海、欧洲和美洲广为传播。

"黑胡子"死后,英国皇家海军仅在他的船上搜到145袋可可豆、11桶葡萄酒、1桶蓝靛和1包棉花,却并没有找到金银珠宝。从那时起,有关"黑胡子"的宝藏就成为一个谜。

❖ "黑胡子"在最后一次战斗中被英军打死

"黑胡子"不仅凶残,而且对身边的人极其不信任,因此,他的藏宝地没有记录,更没有宝藏地图。他在死前不久曾宣称,只有魔鬼和他本人才能找到他藏宝的地点。

1997年,美国的一个潜水员在距北卡罗来纳州海岸200米的地方发现了"黑胡子"的旗舰"安妮女王复仇"号的残骸,它静静地躺在被誉为"飓风走廊"的海底近300年,它的出现又勾起了人们对"黑胡子"的宝藏的猜想。

❖ 从"安妮女王复仇"号沉船地打捞上来的火炮

"幻想"号

海盗王埃夫里的旗舰

"幻想"号是世界上最有名的海盗船之一,它伴随着海盗王埃夫里驰骋于大海之上,因为劫掠了莫卧儿帝国的宝藏,且数量过于庞大,埃夫里一举成名,成为当时世界上最富有的海盗和海盗史上第一位被终身通缉的海盗。

"幻想"号原本是一艘半官方的船只,名为"查尔斯二世"号,主要用于打击海盗和劫掠法国商船,而它之所以变成大名鼎鼎的海盗船,还得从亨利·埃夫里说起。

大同盟战争(1688—1697年)又叫奥格斯堡同盟战争、巴拉丁王位继承战争、九年战争。为法王路易十四在位时的第三场重要战争(前两场分别为遗产战争与法荷战争),这场战争是因为路易十四欲在欧洲进行大规模的扩张,因此遭到荷兰和神圣罗马帝国哈布斯堡王朝、瑞典等国家组成同盟联合对抗。由于此时荷兰执政威廉三世成为英国国王,所以英国也加入了反法阵营。

埃夫里成为"查尔斯二世"号的大副

很多人都看过《海盗船长》这本书,书中的辛格尔顿船长的原型就是亨利·埃夫里。

亨利·埃夫里是17世纪的传奇海盗,年轻时进入英国皇家海军。1688年,大同盟战争爆发,埃夫里因作战英勇被晋升为大副,成为船上最年轻的大副。1690年,在比奇角战役中,埃夫里所在舰队被法国海军重创,他和同舰队的许多战友被革职。后来,埃夫里成为一个奴隶贩子,混得风生水起。1693年,埃夫里应伦敦商人邀请成为"查尔斯二世"号上的大副,同时与另外3艘船一起组成私掠船队,并获得了西班牙的官方许可,在西印度群岛与西班牙

1660—1698年,皇家非洲公司垄断了非洲到大英帝国的奴隶贸易,未经许可的奴隶贸易受到英国官方的打压。尽管如此,受到奴隶贸易丰厚利润的吸引,埃夫里和其他奴隶走私贩子仍各行其是。埃夫里常常伪装成英国船只引诱其他奴隶运输船船员登船,俘虏他们并抢夺其船上的奴隶。

❖ 海盗王亨利·埃夫里

人进行奴隶贸易，同时持有合法掠夺法国船只的许可证。

从此，埃夫里从一个奴隶贩子变成了半官方的私掠船大副，开始了他的传奇人生。

"查尔斯二世"号改名为"幻想"号

"查尔斯二世"号是一艘从西班牙专门定制的贸易船只，为了能顺利进行奴隶贸易，船上专门装配了46门大炮，还征召了140名海军士兵，船长是吉布森，专门用于对付往来于西印度群岛沿途的海盗和法国舰船。

"查尔斯二世"号虽然是一艘贸易船，但它也是一艘有合法官方许可的私掠船，在遇到法国商船的时候，它还是一艘海盗船。

❖ 海盗船"幻想"号

"查尔斯二世"号的船长吉布森喜欢拖欠船员和海军士兵的工资，因此，大家对他非常不满。1694年5月，埃夫里说服所有的船员和海军士兵，趁吉布森酩酊大醉之际，夺取了这艘船并逃离了贸易船队，埃夫里顺理成章地成了这艘船的船长，并将船名改为"幻想"号。

印度洋最凶残的海盗团伙

埃夫里得手后，犹如脱缰的野马，指挥"幻想"号游荡在印度洋上，实施随机劫掠，并迅速扩充队伍，成了一个不折不扣的海盗头子，而"幻想"号也由半官方的私掠船变成了真正的海盗船。

❖ 埃夫里的海盗团：印度洋最凶残的海盗团伙

　　为了获得更多的财富，埃夫里联络了5路海盗团伙，它们分别是拥有60名海盗的"朴次茅斯冒险"号、"亲善"号和"海豚"号；拥有34名海盗的"珍珠"号和拥有70名海盗的"苏珊娜"号，包括"幻想"号上的150名海盗，共同组成了400多人的海盗联盟。

　　在"幻想"号的带领下，这伙海盗对印度洋海域的船只进行如狼般的围剿。因此，成为印度洋海域最凶残的海盗团伙，埃夫里成为一位海盗王。

　　埃夫里不甘心劫掠落单的贸易船只，他想干一票大的，于是他将目标锁定在莫卧儿帝国的宝藏舰队上。

劫掠莫卧儿帝国的宝藏舰队

　　1695年8月，埃夫里乘坐"幻想"号，带领另外5艘海盗船去往曼德海峡，在莫卧儿帝国宝藏舰队去往麦加朝圣的必经之路上进行伏击。

　　莫卧儿帝国宝藏舰队预先得知了埃夫里的企图，但是觉得仅凭6艘海盗船根本无法对抗拥有25艘船的舰队，于是想趁着夜色悄悄地不惊动海盗，通过曼德海峡。

　　没想到海盗们放过莫卧儿帝国宝藏舰队前面的23艘船，截住了最后两艘船，其中一艘是"穆罕默德信仰"号，另一艘是"冈依沙瓦"号，在经过几轮的追杀和炮轰之后，海盗们在混乱中登上"穆罕默德信仰"号和"冈依沙瓦"号，又经过数小时激烈的肉搏战，海盗们成功地夺取了这两艘船上的宝藏。

❖ 莫卧儿帝国旗帜

莫卧儿又称蒙兀儿，是波斯语"蒙古"的转音。莫卧儿帝国（1526—1857年）是突厥化的蒙古人帖木儿的后裔巴布尔在印度建立的封建专制王朝，也是印度最后一个历史朝代。

英国当局悬赏捉拿海盗王埃夫里，宣布埃夫里和其手下为"人类的敌人"。悬赏金为 500 英镑，这笔钱由英国东印度公司提供。

成为当时最富有的海盗

"冈依沙瓦"号（原意为满仓宝藏）重达 1600 吨，装配有近 80 门火炮，船中装满了大约价值 32.5 万英镑的宝物，其中包括金锭和银锭。另一艘船中装载的宝藏略逊于"冈依沙瓦"号，但也有价值 5.5 万~6.5 万英镑的宝物。

这两艘被抢劫的宝船装载的财宝数量庞大，在当时是绝无仅有的，海盗王埃夫里从此之后一举成名，成为当时最富有的海盗，仅凭此举就载入了史册。

海盗史上第一个被终身通缉的海盗

海盗王埃夫里成为世界"名人"，但是也给他带来了非常大的麻烦。莫卧儿帝国皇帝奥朗则布对海盗王埃夫里的抢劫行为非常愤怒，但他对这些常年混迹海洋的海盗束手无策，因此找到了英国政府，仅因为埃夫里是英国人，要求英国政府赔偿损失。因为当时莫卧儿帝国是印度的最大控制者，为了不丢失香料市场，也为了安抚奥朗则布，英国政府只能下令通缉海盗王埃夫里，并将他列为终身通缉，埃夫里也是海盗史上第一个被终身通缉的海盗。从此，海洋中再也没有了"幻想"号的身影，埃夫里也不知所踪。

❖ **莫卧儿帝国皇帝奥朗则布**

奥朗则布（1618—1707 年）是莫卧儿帝国第六位君主（1658—1707 年在位），号"阿拉姆吉尔"（世界征服者）。奥朗则布登基后，采用招抚为主、武力为辅的手段，将莫卧儿帝国的版图扩大到除最南端外的整个南亚次大陆，并在英国-莫卧儿战争中保护了孟加拉地区的贸易权。

最后的海盗王埃夫里

有官方记载，1696年3月，埃夫里花重金贿赂拿骚官员尼古拉斯·特罗特，获得进入拿骚港口的权利，并在拿骚过着逍遥快活的日子，虽然当时英国在全球通缉他，但是尼古拉斯·特罗特依旧不愿意将埃夫里交出去，也不敢抓捕他，因为这帮海盗人数众多，而且个个都是亡命之徒，再说只要他睁一只眼闭一只眼，就能拿到数目众多的贿赂。

后来，尼古拉斯·特罗特因为受到太大的外界压力，只能通知埃夫里离开，从此埃夫里和他的海盗船"幻想"号就再也没有任何消息了。

❖ 九尾鞭

九尾鞭是当时海军、商船惩罚水手们的一种刑具，一鞭抵九鞭。海盗们更是用此鞭威慑鞭打藏匿财宝的商人等。

拿骚是巴哈马首都，位于新普罗维登斯岛北岸，距美国的迈阿密市只有290千米。17世纪30年代，这里是英国的一个居民点，1660年发展成为较大的城镇，当时称为"查尔斯敦"。几年之后，改名为"拿骚"。这里因地理位置特殊，一直以来都生活着各种海盗，而且大多数人都与海盗有着千丝万缕的联系，他们靠劫掠过往船只或者制造海难来获得收入。
1718年，英国任命曾经的海盗罗杰·伍德为拿骚总督。后来，罗杰·伍德家族的后人将所有的海盗赶出了拿骚，重新确立了法律的尊严，重整社会秩序，并建立了新的堡垒，海盗才逐渐消失。现在，巴哈马议会仍然保存着伍德的办公室，办公桌右上有一句座右铭成为议会的箴言："Expulsispiratis，Restituta Commercia"，意为"海盗清除，商业复兴"。因此，有人戏言拿骚是海盗建起来的。

在拿骚海盗博物馆的外墙壁上展示着曾经在巴哈马周边混迹的海盗照片，足可见这里的海盗事业曾经辉煌一时。

❖ 拿骚海盗博物馆的外墙壁

"胜利"号

英国皇家海军名将纳尔逊的旗舰

英国是最早发展风帆战列舰的国家之一，英国的"胜利"号是一艘一级风帆战列舰，它不仅是风帆战列舰中的佼佼者，也是19世纪英国海军名将纳尔逊乘坐的旗舰。

英国在1559—1760年先后有5艘风帆战列舰被命名为"胜利"号，其中最著名的一艘在1759年动工，并于1765年建成，它是英国海军史上的一艘名舰。

海上的堡垒

1758年12月13日，英国海军部下令建造12艘新战舰，其中一艘主力舰就是"胜利"号，它动工于1759年，这一年英国海军名将霍雷肖·纳尔逊出生。1765年5月7日，"胜利"号完工下水。

"胜利"号一共消耗了2500余棵橡树和38吨铁，船体长69.3米，装有3根桅杆，主桅高62.5米；船体水线宽15.8米，水线长56.7米，满载排水量3556吨；舰上设置有三层火炮甲板，装备铁铸大炮102门、巨型短炮两门，一次齐发可发射出半吨重的炮弹，最远射程超过1.6千米，并可击穿约5厘米厚的橡木板。

"胜利"号是当时英国皇家海军最大的战舰，如同一个海上堡垒，可搭载850人，满载燃料和给养后可在海上连续航行6个月。

❖ "胜利"号

首战即有不菲的战果

英国是当时世界上的头号强国，在几个世纪的争霸战争中，英国先后战胜了西班牙、荷兰和法国等劲敌，夺取了海上霸权，建立了横跨欧洲、亚洲、非洲和美洲的强大殖民帝国。

❖ "胜利"号上的火炮

"胜利"号下水不久，就一直作为"预备舰"毫无建树，直到1775年，北美洲人民无法忍受英国殖民者的盘剥，美国独立战争爆发，美国在西班牙、荷兰和法国的支持下节节顺利，英国在美洲的殖民地慢慢地被蚕食。在这种情势之下，"胜利"号才正式开始服役，第一次参战即是对付美国和法国联军，此战结果对英国来说并不理想，不过，"胜利"号在战争中俘获法国的"独立兽角"号巡航舰，这使英国皇家海军大受鼓舞。

约翰·杰维斯（1735—1823年），是第一代圣文森特伯爵英国风帆战列舰时代的海军将领，英国皇家海军上将和英国议会成员。他是一位活跃在七年战争、美国独立战争、法国大革命战争和拿破仑战争中的指挥官。他因1797年在圣文森特角海战的胜利而闻名，在这场战役后他成为圣文森特伯爵，并成为霍雷肖·纳尔逊的保护人。

❖ 约翰·杰维斯

圣文森特角海战获胜退役

1789年，"胜利"号经过整修后重返舰队。1796年，法国与西班牙结成反英同盟。1796年，"胜利"号成为英国皇家海军上将约翰·杰维斯的旗舰，同时率领15艘战列舰组成英国地中海分舰队，其中有纳尔逊指挥的"船长"号。这支舰队在葡萄牙圣文森特角附近的加的斯近海拦截了西班牙支援法国的地中海分舰队，西班牙这支舰队由科尔多

81

❖ 圣文森特角海战

霍雷肖·纳尔逊（1758—1805 年），英国风帆战列舰时代海军将领及军事家。他在 1798 年的尼罗河口海战及 1801 年的哥本哈根战役等重大战役中率领英国皇家海军获胜，在 1805 年的特拉法尔加战役中击溃法国及西班牙组成的联合舰队，迫使拿破仑彻底放弃海上进攻英国本土的计划，但自己却在战事进行期间中弹阵亡。

❖ 霍雷肖·纳尔逊

瓦海军中将指挥，由以"圣特立尼达"号旗舰为首的 27 艘战舰组成。

这场海战被称为圣文森特角海战，也称加的斯湾海战，英国在这场海战中大获全胜，但是"胜利"号却因被认为存在"缺陷"而退役，改作为医疗船。

特拉法尔加海战

1800—1803 年，"胜利"号又经过了一次大的改装，弥补了一些"缺陷"。1803 年 5 月 16 日，英、法两国战火重燃，两国互相邀请盟友助战。1805 年，双方发生了 19 世纪规模最大的一次海战——特拉法尔加海战。"胜利"号又重返舰队服役，这次它成为英国名将霍雷肖·纳尔逊的旗舰。

❖ 维尔纳夫

维尔纳夫，法国贵族出身，15岁就加入了海军。法国大革命爆发时，他支持革命，因此升迁很快。1796年，维尔纳夫晋升为海军少将。

在1805年爆发的特拉法尔加海战中，维尔纳夫率领法西联合舰队，碰上了神勇的英国名将纳尔逊，被打得溃不成军，开战仅数小时，维尔纳夫的旗舰就完全瘫痪，全舰死伤总数在400人以上，多数尸体没有脑袋，奇怪的是，整个交火过程中维尔纳夫一直站在旗舰的后甲板上却没有受伤，最后不得不投降。维尔纳夫投降后被送到英国，1806年4月获释，4月22日在巴黎死亡，胸口有6处刀伤，但记录上则是写的自杀，当晚即被草草埋葬。据说是拿破仑派人把他干掉的。

在特拉法尔加海战中，英国皇家海军名将纳尔逊乘坐旗舰"胜利"号，指挥英国舰队击败了由维尔纳夫率领的法国、西班牙联合舰队，并俘获了维尔纳夫和他的旗舰"倍申达利"号，以及西班牙的"圣特立尼达"号等。霍雷肖·纳尔逊也战死在"胜利"号上。

19世纪初，英国为夺取海上霸权，与法国、西班牙等国家多次在海上交战，特拉法尔加海战获胜以后，奠定了此后百年间英国的海上霸主地位。

仍是英国皇家海军现役舰

"胜利"号作为木船巅峰时代的舰船，一直服役到1812年才退役。1922年，为了纪念在特拉法尔加海战中牺牲的霍雷肖·纳尔逊，"胜利"号作为他的旗舰被重新修理，获得军籍并永不退役。如今，它的船体黑黄相间，非常醒目地停泊在英国朴次茅斯港有名的2号干船坞上，它虽然已不能航行，但仍是英国皇家海军的现役舰。它成为忠诚、勇敢和恪尽职守的永恒象征，也成为航海模型收藏家所钟爱的名船之一。

❖ 老照片："胜利"号

"小猎犬"号

达尔文的科考船

"小猎犬"号只是一艘并不起眼的小型考察船,曾两次作为考察船参与航海考察,其中第二次环球考察因达尔文的参加而出名,这次航行改变了人们对世界的认识,也使"小猎犬"号成为一艘家喻户晓的名船。

"贝格尔"号是一艘英国皇家海军的"切罗基"级10炮帆船,船长27米,装备有10门大炮,能运载120余人,因其小巧而被命名为"HMS Beagle",意为"小猎犬"号,中文多音译为"贝格尔"号。

首任船长饮弹自尽

"小猎犬"号在1820年5月11日下水时是一艘双桅帆船,恰逢当时伦敦最大的桥——伦敦桥竣工(19世纪下半叶其地位被伦敦塔桥取代),于是下水第一次试航就从新建的伦敦桥通过,它也因此成为第一艘通过伦敦桥的船而被载入史册。

1826—1830年,"小猎犬"号进行了首次航海考察,考察内容是深入巴塔哥尼亚高原和火地岛进行测量工作,但是持续4年的考察工作并不顺利,因为考察和探险的海域环境复杂,而"小猎犬"号的航行速度以及各种远航设备适应环境的能力较弱,首任船长林格尔·斯托克斯指挥船

❖ 比格犬

"Beagle"意为"小猎犬"号,实际上其原型应该是比格犬。其源自法语里的"beagle",即小的意思。在英国被视为猎犬,且因体型属于小型犬,因此专门用来猎捕兔子,所以也有"猎兔犬"的称号。

❖ 火地岛红色的岩石

火地岛位于南美洲的最南端,面积约4.87万平方千米。1520年10月,航海家麦哲伦来到此地时,从海面上看到岛上海岸边的岩石通红似火,以为是岛上的原住民燃起的堆堆篝火,遂将此岛命名为"火地岛"。1881年,智利和阿根廷在火地岛上划定边界,东部属阿根廷,西部属智利。

只航行时非常困难，他最后因无法忍受压力而精神错乱，并开枪自尽。

此后，"小猎犬"号由费茨·罗伊担任船长，他带着3位火地岛上的原住民返回英国，匆匆结束了第一次考察。

第二次远航考察

首次航海考察结束后，英国皇家海军根据探险中遇到的各种问题，对"小猎犬"号进行了全面改装和升级，如将双桅帆船改装为三桅帆船。改装完的"小猎犬"号虽然依旧小巧，但是性能非常优越，因此，英国政府又立即筹备了第二次环球考察。

第二次环球考察航行，"小猎犬"号上除了载有船长、2名尉官、1名随船医生、1名传教士（曾经去过火地岛）、10名下级军官、48名水兵、1名水手长和8名实习水手外，还有1名博物学家（达尔文）、1名仪表观察和记录者、1名绘图员、1名画家和3名火地岛的原住民。

这次航行的目的除了完成第一次考察未能完成的工作之外，还要测量智利、秘鲁的海岸和太

❖ 伦敦桥

伦敦桥是英国伦敦泰晤士河上一座几经重建的大桥，也是该河上28座桥梁中位于最下游的一座桥。它地处伦敦塔附近，连接南沃克自治市高街和伦敦市的威廉王大街。在历史上被称为伦敦的正门。"小猎犬"号是第一艘通过伦敦桥的船。

❖ "小猎犬"号（三桅帆船）

平洋上的岛屿，并利用环绕地球航行的机会鉴定精密计时器，同时顺便将首次航海考察时从火地岛带回英国的原住民送回。

"小猎犬"号的成就

1831年12月27日，"小猎犬"号再次起航，舰长费茨·罗伊指挥它从英国普利茅斯港驶入大海，穿越北大西洋到达南美洲；沿着南美洲的西岸航行，绕过南美洲的合恩岛后进入南太平洋；再沿着南美洲的南岸航行，然后驶向加拉帕戈斯群岛；之后再向南半球出发，到达澳大利亚的悉尼；沿着澳大利亚的南岸行驶，绕过澳大利亚后进入印度洋；绕道非洲的好望角进入北大西洋。绕地球一圈考察，耗时5年，于1836年10月2日成功回到英国。

这次航行不仅完美地完成了各项既定的测量和观察任务，随船考察的达尔文通过在加拉帕戈斯群岛的考察，完成了革命性巨著《物种起源》，"小猎犬"号因而成为一艘历史名船。

《物种起源》发表

1831年12月，22岁的达尔文以博物学家的身份随"小猎犬"号进行环球考察，沿途考察过火山，经历过地震，并采集了大量的动植物标本和化石。

1835年，26岁的达尔文随"小猎犬"号来到南美洲西岸的加拉帕戈斯群岛（科隆群岛），其中最主要的落脚点是伊莎贝拉岛。

❖ 年轻时的达尔文

达尔文雀在加拉帕戈斯群岛的每座岛上长相都不同，尤其是它们的喙长得都不一样，有的岛上它们的喙是弯的，因为捡食地上的果实；有的岛上它们的喙是尖的，因为啄食树木里面的虫子。喙的结构差异是为了适应不同的食物而进化出来的，是自然选择的结果。

❖ 达尔文雀不同的喙

加拉帕戈斯群岛长期与世隔绝，这里的动植物便自由生长发育，从而造就了岛上独特而完整的生态系统。群岛中的各座岛屿都拥有不少罕见的花草树木和飞禽走兽，如象龟、雀鸟、企鹅、海狮、海鬣蜥、陆鬣蜥、叶趾虎等，其中的许多物种在世界上都是独一无二的，比如，不会飞的鸬鹚、企鹅、活了百年的象龟等；还有一些体型很小、羽色暗淡的雀鸟（即达尔文雀），被达尔文作为鸟类标本收集。

达尔文通过研究岛上的物种，逐渐萌生了生物进化的思想，同时为进化论寻找到了有力的证据，1859 年，他发表了《物种起源》。

革命性巨著《物种起源》

达尔文是英国著名生物学家和进化论的奠基人，他于 1809 年 2 月 12 日出生在一个英国医生世家，他的祖父和父亲都是当地的医生，达尔文 16 岁时就被父亲送到爱丁堡大学学医，以期望他能继承祖业。但是，达尔文对医学毫无兴趣，反而对自然历史产生了浓厚的兴趣，经常旷课到野外采集动

❖ 海鬣蜥
它是世界上唯一在水中觅食的鬣蜥，一般为黑色，也有砖红色或深绿色的。它会上岸休息，晒太阳后身体会变色。

❖ 加拉帕戈斯象龟
伊莎贝拉岛南部的加拉帕戈斯象龟是地球上现存最大的龟类，体长 1.2 米，体重 51~320 千克，寿命可达 200 年。

沙宾叶趾虎只分布在伊莎贝拉岛北部的沃尔夫火山上，全部栖息地面积不足 250 平方千米。
加拉帕戈斯群岛素来以独特的爬行动物闻名，岛上有 12 种叶趾虎，其中更有 11 种是加拉帕戈斯群岛特有的。沙宾叶趾虎、辛普森叶趾虎、粉红陆鬣蜥，以及塞罗·阿苏尔火山象龟都生活在伊莎贝拉岛北部的沃尔夫火山上，属于特有品种。

❖ 沙宾叶趾虎

植物标本等,他的父亲认为他"不务正业",于是将他转学到剑桥大学,改学神学,希望他能成为一位受人尊重的牧师,但是达尔文对自然历史的兴趣变得越来越浓厚。

大学毕业后,正好"小猎犬"号在筹备第二次环球考察,达尔文受"小猎犬"号船长费茨·罗伊的邀请,以博物学家的身份随船环球航行,费茨·罗伊希望达尔文找到科学证据来验证《圣经》中的记载。然而,达尔文却得出了相反的结论,并完成了革命性巨著《物种起源》,从一名正统的基督徒变成了无神论者。

因《物种起源》而出名

加拉帕戈斯群岛由一群小火山岛组成,而这些小岛坐落在太平洋赤道线上,大约在距今 100 万年以前,由于火山爆发,这些小岛被推出洋面,因此,它们

❖ 达尔文

达尔文的全名为查尔斯·罗伯特·达尔文(1809—1882 年),英国生物学家,进化论的奠基人。出版《物种起源》,提出了生物进化论学说,从而摧毁了各种唯心的神造论以及物种不变论。恩格斯将"进化论"列为 19 世纪自然科学的三大发现之一(其他两个是细胞学说、能量守恒转化定律)。

加拉帕戈斯群岛 80% 的鸟类、97% 的爬行动物与哺乳动物、30% 的植物以及 20% 的海洋生物都是特有的。这里共有 86 种特有的脊椎动物,包括 8 种哺乳动物、33 种爬行动物、45 种鸟类;101 种特有的无脊椎动物;168 种特有的植物。

加拉帕戈斯群岛意思是"巨龟之岛",后来,该群岛被厄瓜多尔共和国统治,继而有了"科隆群岛"这个新名字。

❖ 达尔文故居

1882 年 4 月 19 日,达尔文在达温宅逝世,享年 73 岁,葬于威斯敏斯特大教堂。

从未跟任何大陆相连过，各种陆地动物很难跨越宽广的海洋来到这些岛上栖息。所以，这些小岛就如同天然的封闭实验室，岛上的动物在无外界干扰的情况下单独进化。

达尔文的《物种起源》发表之后，加拉帕戈斯群岛轰动天下，成为许多生物学家及爱好生物者必去的"圣地"之一。后来，人们为了纪念达尔文，便在加拉帕戈斯群岛的圣克里斯托瓦尔岛上建立了一座达尔文的半身铜像纪念碑及一个生物考察站。

"小猎犬"号下落不明

"小猎犬"号没有加拉帕戈斯群岛那么幸运，在第二次环球航行之后，它被交给了海关，成为海岸警卫的缉毒查私船。1870年，船龄50年的"小猎犬"号被卖给了一个当地废品商，作为科学史上最重要文物之一，它从此下落不明，成为考古学上的一个谜。

《物种起源》是达尔文系统阐述生物进化理论基础的生物学著作，全名为《论依据自然选择即在生存斗争中保存优良族的物种起源》，于1859年11月24日在伦敦出版。《物种起源》不仅开创了生物学发展史上的新纪元，使进化论思想渗透到自然科学的各个领域，而且引起了整个人类思想的巨大革命，在世界历史进程中有广泛和深远的影响。

达尔文沿途考察地质、植物和动物，采集了无数标本运回英国，还未回国就已在科学界出名了。

英国考古学家利用先进的科学设备探测到了达尔文当年乘坐的"小猎犬"号的藏身之地，考古学家说，它埋在英国东南部艾塞克斯郡的一个河口的淤泥下。

❖ "小猎犬"号的船长费茨·罗伊
费茨·罗伊（1805—1865年），英国海军中将、水文地理学家、气象学家。1828—1836年曾参加南极洲南端、巴塔哥尼亚、火地岛、麦哲伦海峡等地的考察。其中1831—1836年间，达尔文曾乘坐他的"小猎犬"号进行科学考察。
1854年，费茨·罗伊成为英国气象局局长，主持天气预报工作。著有《冒险》号和"小猎犬"号探险船勘测航海记事》。

名船事件

"五月花"号

美国历史的开端

"五月花"号并非英国第一艘驶往北美的移民船只,但却是一艘最著名的英国驶往北美的移民船只,它随着美国独立而闻名遐迩。

❖ "五月花"号

按理说,弗吉尼亚州东南部的詹姆斯敦是英国殖民者在北美的第一个海外定居点,早期开拓者在那里种植烟草成功,从詹姆斯敦开始,英国的殖民地范围不断扩大,逐渐占领了整个弗吉尼亚州。因此,说美国是建立在"烟草"上的国家,一点也不过分,但是这段历史并不十分光彩。因此,历史学家把目光投向了"五月花"号,把它的到达作为美国历史的开端。

在"五月花"号到达美洲之前

在"五月花"号到达美洲之前,英国殖民者已经遭受了美洲大陆一次又一次的"洗礼",并在詹姆斯敦建立了永久定居点,将整个新殖民地称为"弗吉尼亚",意即"处女之地",以纪念1603年去世的"处女王"伊丽莎白一世。

抵达詹姆斯敦定居点的拓殖者都是男性,他们几乎都怀着发财梦来到美洲,利欲熏心的他们不仅与印第安人冲突不断,而且内部也不时发生火并。

詹姆斯敦是英国殖民者在美洲的第一个定居点,也是弗吉尼亚州曾经的首府,它的历史不是那么光彩,《波士顿环球报》的社论写道:"詹姆斯敦让人联想到贪婪、暴力和压迫,有如美国文明出生时的阵痛。"因此,数百年来美国人一直羞于谈起这里，而比詹姆斯敦定居点晚 13 年、一艘来自英国的名为"五月花"号的帆船成为美国人的骄傲，船上的移民也成了美国人口中引以为傲的第一批移民。

为了逃离迫害的清教徒

16 世纪末，英国的清教徒受到迫害，转入低潮。17 世纪初，清教徒纷纷移居荷兰避难，并在荷兰获得了自由做礼拜、享受"更多的和平与自由"的权利。但是，清教徒在荷兰除了宗教自由之外，几乎没有什么东西，他们变得贫穷和潦倒，又无法回到英国，于是他们把目光投向了大西洋对岸的美洲，因为英国已经在那里建立了詹姆斯敦据点，在那里既可以实现宗教信仰自由，也可以使经济稳定，还可以保留英国身份，此外，还能在美洲宣传新教并推进它的传播。

清教徒们通过努力，获得了移民许可和在弗吉尼亚范围内建立"普利茅斯"定居点的权利。英国和荷兰商人则看到了美洲的殖民利益，为清教徒们支付了雇佣"五月花"号船只和一切路途

美国的烟草种植业和奴隶制都是从这里开始的：1619 年，詹姆斯敦"进口"了第一批非洲黑奴。

❖ 詹姆斯敦国家历史公园

1676 年，反抗州长的弗吉尼亚人一把火将詹姆斯敦夷为平地，1699 年州府迁往威廉斯堡，更使詹姆斯敦走向没落。再后来，连殖民时期的遗址也被河水淹没，直到 1994 年，考古人员才发掘出大量文物。詹姆斯敦定居点现在被辟为国家历史公园，还建起了一座仿古城堡。

❖ 1976 年发行的纪念美国建国 200 年大银章

❖ 美洲先辈纪念币

❖ 1843年油画：《"五月花"号上的清教徒》

"五月花"号上的主要领袖是威廉·布拉德福德和威廉·布鲁斯特。

"五月花"号原本的目的地是北弗吉尼亚哈得孙河一带的陆地。

中的费用，清教徒们的回报则是刚开始7年的收益全部归商人们所有。

清教徒选择去往美洲，虽然主要是为了逃离宗教迫害，实际上是为了经济利益的一次殖民之行。

❖ 1876年版画：1620年12月22日，清教徒在马萨诸塞州的普利茅斯登陆

从某种意义上讲,《五月花号公约》为美国的《独立宣言》以及1787年的美国宪法奠定了基调。它所确立的原则,包括政府要建立在同意基础之上,要建立一个自治而非一些人统治另外一些人的共同体等,都体现在了美国后来的重要宪政文件中,构成了美国独立和立宪的基础。

❖ 油画:签订《五月花号公约》

命名"普利茅斯"

"五月花"号是一艘英国的三桅盖帆船,长19.5米,宽7.95米,吃水3.35米,排水量180吨,1615年下水,主要装载往返于英国、法国以及挪威、德国、西班牙等欧洲国家之间的货物。1620年8月5日,"五月花"号和另一艘"加速"号一起,在牧师布莱斯特率领下,载着102名由清教徒、工匠、渔民、贫苦农民及契约奴等组成的乘客,从英国港口普利茅斯起航,但是不久后"加速"号就坏了,只能返航维修,可是"加速"号维修好后刚驶出港再次出现了问题,于是清教徒们只能放弃了"加速"号。

1620年9月,"五月花"号满载所有乘客独自起航,乘客们在海上经历了缺水、断粮、风浪等种种严峻考验,经过了66天,由于海上风浪险恶,他

"五月花"号上的清教徒们登陆后,在《五月花号公约》上签字的41名清教徒理所当然地成为普利茅斯殖民地第一批有选举权的自由人,这批人中有一半未能活过6个月,剩下的一半成为殖民地的政治核心成员。

"五月花"号载到美洲的这批移民,在1620年和1621年之交的冬天,遇到了难以想象的困难,处在饥寒交迫之中,心地善良的原住民印第安人给移民送来了生活必需品,还特地教他们怎样狩猎、捕鱼和种植玉米、南瓜,在印第安人的帮助下,移民们度过了寒冬,移民们最后活下来的只有50多人。

❖ 1853年的版画:《印第安人首领萨莫塞特与清教徒会晤》

❖ "五月花"号模型

与"五月花"号原船相近的复制品"五月花二"号，于1956年9月22日下水，现在停靠在普利茅斯码头供人参观。

们偏离了既定的航线，无法抵达许可地"普利茅斯"，为了平息航行中积累的纠纷，牧师威廉·布鲁斯特决定就在科德角登陆，并将登陆地命名为"普利茅斯"。

《五月花号公约》

为了加强上岸后新建立的殖民地的管理，登陆前，"五月花"号上102名新移民中的41名清教徒签署了《五月花号公约》。这份公约成为美国日后无数自治公约中的首例，它的签约方式及内容代表着"人民可以由自己的意思来决定自治管理的方式，不再由人民以上的强权来决定管理"，开创了一个自我管理的社会结构，这在王权与神权统治的时代，暗示了许多民主的信念。

1991年的《世界年鉴》评价该公约是"自动同意管理自己的一个协议，是美国的第一套成文法"，这份著名的文件也被人们称为"美国的出生证明"。"五月花"号也因《五月花号公约》而闻名世界。

❖ 银币上的"五月花"号

定远舰、镇远舰

北洋水师的"第一等之铁甲巨舰"

"定远舰"和"镇远舰"属于同级同型的姊妹舰,堪称当时的"亚洲第一巨舰",是清朝北洋水师的"第一等之铁甲巨舰",也是近代中国海军史上第一级近现代意义的主战军舰。

"定远舰"和"镇远舰"同属"定远级"军舰,为清朝北洋水师的主力战舰,它们诞生于19世纪中后叶的中国洋务运动时期,最终又消逝在甲午战争中。

"遍地球第一等之铁甲舰"

1880年,北洋大臣李鸿章命人以283万两白银的造价,向德国坦特伯雷度的伏尔铿造船厂订造了两艘当时最先进的铁甲舰,两艘军舰吸收了当时世界上最大、最先进的英国"英弗来息白"号和德国"萨克森"号的优点,舰长94.5米、宽18米、吃水6米、排水量7355吨、航速15节。虽然这两艘铁甲舰略小于英国的"英弗来息白"号(104.85米)和德国的"萨克森"号(98米),但是却被誉为"遍地球第一等之铁甲舰"。李鸿章亲自为两舰命名"定远""镇远",此外,还订造了一艘略小的军舰(巡洋舰)"济远舰"。

❖ 定远舰

❖ 英国的"英弗来息白"号

"英弗来息白"号战列舰("不屈"号)1881—1884年在英国皇家海军地中海舰队服役,1882年7月11日参加了炮击亚历山大港的战斗,1884年该舰接受改装,转入预备役,1893年重新回到地中海舰队,担任警戒舰。1903年该舰报废并被出售。我国清代北洋水师"定远级"战列舰的设计就曾经参考该舰。

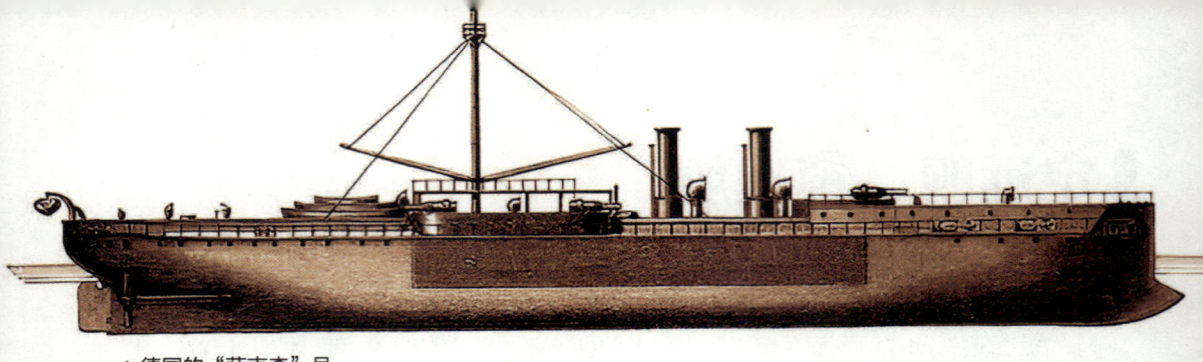

❖ 德国的"萨克森"号

"济远舰"（巡洋舰）长71.93米，宽10.36米，吃水5.18米，排水量2300吨，航速16.5节。

"定远舰"于1881年12月下水，"镇远舰"于1882年11月下水，"济远舰"于1883年12月下水，按造舰合约，本应于1884年之前交付给清政府，恰逢当时中法开战，德国因中立而延缓交舰，直至1885年中法停战议和，这3艘军舰才在400多名德国水手护送下，悬挂着德国商船旗，抵达天津大沽口交付中国，随即这3艘舰艇成为北洋水师的主力军舰，"定远舰"则成为北洋水师提督丁汝昌的旗舰。

威慑别有用心的国家

在清朝以前，朝鲜与明朝保持着传统的亲密关系（明洪武元年，朱元璋遣使至朝鲜赐降书，从而确立两国间的宗藩关系）。1636年，皇太极率兵亲征朝鲜，攻占朝鲜京都汉城，朝鲜李氏王朝在国家存亡之际，迫于无奈，接受了清军的条件投降，停用明朝年号，断绝与明朝的一切交往，并奉清朝为宗主，清朝定都北京以后，双方使节每年往来不断，朝鲜方面每年除有贺冬至、贺正朝、贺圣节、纳岁币的4次固定朝贡使节外，还有多种不定期使节来华。

中法战争期间，清朝与法国之间的战事连连，无暇顾及藩属国朝鲜内乱。1884年12月，日本趁机策动朝鲜"开化派"发动"甲申政变"，刺杀"守旧派"官员，企图推翻朝鲜政府，使日本成为朝鲜的保护国。当时驻守朝鲜的清军将领袁世凯应朝鲜"守旧派"的请求，率领大清驻朝鲜士兵，杀死了"开化派"的首领，打败了协助政变的日军，使朝鲜"守旧派"重新掌权。甲申政变后，清政府加强了对朝鲜的控制。

然而，朝鲜却一直被各国惦记，俄国、英国、日本都始终想在朝鲜搞事，于是，1885年，北洋大臣李鸿章命令北洋水师提督丁汝昌率领德国人刚交付使用的"定远舰""镇远舰""济远舰"以及"威远舰""超勇舰"和"扬威舰"6艘军舰，前往朝鲜东海岸海面操演，以威慑别有用心的国家。

❖ 浮雕：皇太极亲征，朝鲜李氏王朝俯首称臣

❖ 朝鲜"开化派"合影

❖ "开化派"核心人物金玉均

"定远舰"和"镇远舰"成为日本人的假想敌

随后,丁汝昌乘坐"定远舰"并率舰队前往海参崴,接回参加中俄谈判的清政府官员吴大澂,留下"超勇舰"和"扬威舰"在海参崴待命,其他4艘舰艇则受李鸿章的命令开往日本长崎港补给、维修和亲善访问,其目的主要是展示清政府强大的海军实力。

金玉均是一个很难定论的历史人物,他既是朝鲜末年近代启蒙的开化派急先锋,又是朝鲜最大的亲日派。1884年,金玉均领导开化派联合日本发动"甲申政变",企图使朝鲜走上近代化道路,但旋即被袁世凯率领的驻朝清军平定,金玉均逃亡日本,化名为岩田周作。1894年,被朝鲜刺客洪钟宇暗杀于我国上海,尸体被运回朝鲜并追加凌迟处斩。纯宗隆熙年间正式平反,追赠为奎章阁大提学,谥号"忠达"。

洪英植于1884年12月4日参与"甲申政变",12月6日政变被清朝军队镇压,洪英植被朝鲜士兵杀死,他被朝鲜政府定为"甲申政变"的"五凶"之一。1910年平反,谥号"忠愍",他是朝鲜邮政事业的创始人。

❖ 部分北洋水师官兵在新舰上合影

1886年8月，北洋水师的"定远舰""镇远舰""济远舰"和"威远舰"抵达日本长崎港，这也是中国铁甲舰队首次访问日本。大清国的坚船利炮引起日本朝野一片惊恐。北洋水师的巨舰震慑了日本人，同时也激发了日本人的斗志，自此之后，日本便下定决心以"定远舰""镇远舰"为假想敌，制造了所谓的三景舰（即松岛、严岛、桥立），同时加强海上军事训练，欲寻找机会同北洋水师一较高下。

❖ 日本长崎港，19世纪三菱船厂第三船坞

1886年，清廷的旅顺军港尚未完工，国内尚无可以容纳"定远舰""镇远舰"等铁甲舰的船坞，所以去往日本亲善访问的同时对舰船维修保养也是主要目的之一。

❖ "松岛"号

"长崎事件"变成了日本举国上下的奇耻大辱，日本人心中对大清的仇恨已经到达顶点，甚至"击沉定远""摧毁镇远"成为日本的孩子玩耍时候的童谣，随即日本以"定远""镇远"两舰为假想敌，从法国定制了"松岛"号。它就是日后甲午战争中日本的旗舰。

❖ "长崎事件"后中日代表谈判

1886年，"定远舰""镇远舰""济远舰""威远舰"在日本亲善访问和维修期间，舰船上的水兵登岸休假时，与日本人发生争斗，造成多人死伤，后在清政府的外交、军事压力和西方列强的调停下，以互赔损失告终，史称"崎案""长崎事件"，这次事件后的谈判也是晚清少有的没有吃亏的一次外交谈判。

黄海海战：这两艘巨舰是打不沉的

清朝拥有当时亚洲最大的海军——北洋水师，为了打败北洋水师，日本全国上下，包括日本天皇在内节衣缩食，积攒钱财，扩充海军。而相比日本，清政府自认为拥有足可击败周边各国的水师，自1888年之后便停止了购买船械，使北洋水师的建设停滞不前。

1894年6月，清政府应朝鲜政府请求派兵赴朝，当1500名清兵在朝鲜牙山登陆后，日本便以保护侨民为由，趁机出兵朝鲜1万余人。7月25日，日本在朝鲜牙山湾口丰岛西南海域袭击中国海军舰船，首先挑起了战役（丰岛海战），因此，清朝与日本正式宣战，这是甲午战争第一战。

为了掩护陆军增援朝鲜，北洋舰队全体出动。9月17日，以"定远舰"和"镇远舰"为首的北洋运兵船完成向朝鲜运兵的任务后，返航时，在黄海海域（大东沟口）遭到了日本联合舰队的包围，随即爆发了黄海海战。由于北洋水师是突然遇敌，准备不足，"定远舰"和"镇

❖ 黄海海战

黄海海战中，清朝北洋水师损失"致远舰""经远舰""扬威舰""超勇舰""广甲舰"5艘舰船，伤亡官兵1000余人，邓世昌、林永升两名管带阵亡。"定远舰"管带刘步蟾指挥官兵英勇作战，"不稍退避"，始终在战场上坚持作战。
日本联合舰队死伤600多人，日本舰队旗舰"松岛"号被重创，但没有一艘军舰战沉（图中最大的那艘就是"松岛"号）。

管带是清代军事职官名称，巡防营与陆军警察队统辖一营的长官亦称管带，光绪年间至民国初年，在北洋水师等新式舰队中，海军军舰一舰之长称管带。

黄海海战中，"定远舰"中了159发炮弹、"镇远舰"中了200发炮弹，均未被打穿，炮塔、弹药库等依旧完好，但是却因缺少弹药，导致战绩平平。战争中"镇远舰"的大炮连续击中日本旗舰"松岛"号两次。火焰点燃"松岛"号上的炸药，发生了大爆炸，"松岛"号上100余人被击毙，死尸堆积，血流满船，最后败走。

❖ 镇远舰

❖ 黄海海战后"镇远舰"维修时的样子

这是当年北洋水师中洋员马吉芬在黄海海战后为他的德国战友"镇远舰"炮术军官哈卜门所摄的一张留影，图中可见"镇远舰"遍布的弹痕。

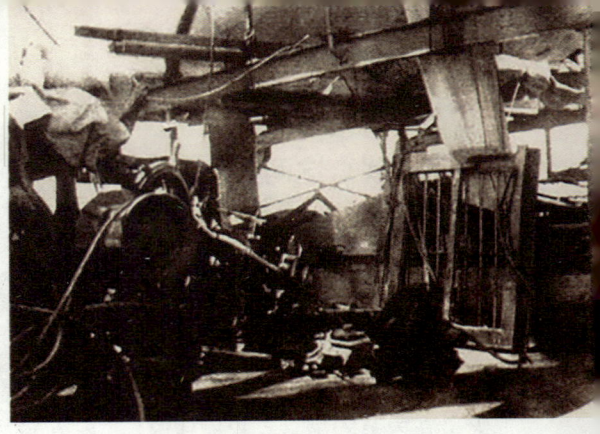

❖ 黄海海战后"定远舰"维修时的样子

远舰"因弹药匮乏，在海战中未能充分发挥战斗力，遭到日本联合舰队集中火力攻击，舰船上近一半主炮被炸毁，但是因有厚重的装甲保护，以及北洋水师其他舰艇的拼死相护，"定远舰"和"镇远舰"始终未被敌舰击沉。整个黄海海战历时5个多小时，北洋舰队被沉毁5艘，伤4艘，日本联合舰队重伤4艘。精疲力尽的日军哀叹"定远舰"和"镇远舰"这两艘巨舰是打不沉的，随后日本联合舰队率先撤出了战斗。

此战后，北洋舰队实力被严重削弱，日本联合舰队达到了控制黄海制海权的目的。

悲壮的"定远舰"

威海卫地处山东半岛顶端，港湾呈半圆形，有刘公岛、日岛横列湾内，两岛上建有10余座炮台，配备新式大炮100余门，火力交错，整个威海卫防御坚固，是北洋水师的基地和提督衙门所在地。黄海海战后，北洋水师在旅顺稍事休整后，便匆匆驶入威海卫备战。

1895年1月20日，日军在日本联合舰队25艘军舰、16艘鱼雷艇的掩护下，进攻威海卫，很快就占领了威海卫城和南、北两帮炮台，周围陆地上的清军全部被扫清，于是，日军便以海军舰艇部队为主，在陆军部队的配合下，对刘公岛及港内的北洋舰队发起了全面进攻。

❖ 老照片：威海卫炮台

❖ 日本9号"小鹰"号鱼雷艇

日军海陆夹击刘公岛均没有奏效，于是改用鱼雷偷袭北洋舰队，在经过多次鱼雷攻击后，2月5日，"定远舰"的尾部被日军"小鹰"号鱼雷艇发射的鱼雷击中，舰体受到严重破坏，在刘公岛南岸海滩处搁浅，无法移动，"定远舰"在这种情况下依旧以舰上的主炮轰击海面上的敌舰，协助北洋水师的其他舰船对日本海军作战。随着日本联合舰队的疯狂打击，战争形势更趋恶化，为了不让受损的北洋水师的军舰落入日军之手，2月10日，"定远舰"管带刘步蟾（也是右翼总兵）下令炸沉"定远舰"后，在极度悲愤中自杀身亡，时年仅44岁。

刘公岛已经快失守了，整个威海卫告急，北洋水师提督丁汝昌向烟台求援，一直没有消息，却收到了投降派向丁汝昌提交的"劝降书"，在无援助的情况下，丁汝昌悲愤欲绝，拒绝投降，于1895年2月12日凌晨4时，吞服鸦片，含恨而亡，时年59岁。

丁汝昌死后，投降派牛昶昞将丁汝昌的大印交给了美籍洋员郝威，假借丁汝昌的名义起草降书，并盖以北洋海军提督印，2月14日，将降书送到日本联合舰队司令伊东佑亨手上。

清军鱼雷艇队指挥官王平在战争打响后逃到烟台，谎称刘公岛失守，因此，驻烟台清军未出兵救援刘公岛。

❖ 丁汝昌

丁汝昌为国捐躯、宁死不降，体现了崇高的民族气节。但腐朽的清政府却把丁汝昌作为战败的"替罪羊"，下令交刑部治罪，丁汝昌殉国后，棺柩加三道铜箍捆锁，以示戴罪，砖丘于其原籍村头不得下葬。至宣统二年，丁汝昌才得以昭雪。

牛昶昞是二品顶戴，任威海卫水陆营务处提调。日军困守威海卫港后，牛昶昞便与洋员密谋投降，遭丁汝昌拒绝。丁汝昌自杀后，牛昶昞勾结洋员以提督的名义起草投降书，将北洋舰队的11艘军舰和所有的军用物资无条件交给日本。战后他将投降的罪名推到已死的上司丁汝昌身上，致使丁汝昌蒙冤15年之久，而他自己因隐瞒了事实的真相，受到革职处分。

❖ 牛昶昞冒充丁汝昌的名义签《威海降约》

"镇远舰"成为日本海军的第一艘战斗舰

黄海海战后,"镇远舰"管带林泰曾因作战英勇被赏换霍伽助巴图鲁勇名。1894年11月14日,"镇远舰"从旅顺撤入威海卫,在进港时不慎触礁,船底漏水,由于旅顺船坞被日军占领,已无处修理,林泰曾极为忧愤自责,遂于11月19日卯刻服毒,引咎自杀,时年44岁。林泰曾死后,大副杨用霖升为"镇远舰"管带,他找来威海卫的工匠修好了"镇远舰"。翌年,日本进攻威海卫,杨用霖指挥"镇远舰",协助丁汝昌、刘步蟾击退日舰的8次进攻。北洋水师伤亡惨重,几乎到了弹尽粮绝的地步。丁汝昌、刘步蟾相继殉国后,投降派牛昶昞企图说服杨用霖与日军接洽投降,被杨用霖严词拒绝,他口诵文天祥的诗句:"人生自古谁无死,留取丹心照汗青。"随后开枪自杀。他没有选择吞食鸦片,而是开了北洋海军的最后一枪,结束了自己的生命,显得格外悲壮。

杨用霖生前曾在"镇远舰"上安放了炸药,但是他死后却没有被引爆。牛昶昞假借丁汝昌的名义向日军投降后,他将"镇远舰"在内的北洋舰队残余之11艘舰、刘公岛炮台及军资器械移交给了日军。

❖ 被日军攻陷的威海卫炮台

❖ 伤痕累累的"镇远舰"

❖ 杨用霖

杨用霖生于1854年，福建闽县人，是北洋水师中一位很有威信的将领，其"沈毅勇敢""在营治军，严明有威，而爱抚士兵不啻家人子弟，疾苦劳顿必亲临慰问"。由于他对部属非常关心和爱护，大家感戴他，"以故士咸为用"。

素有"不隅屏藩"和"不沉的战舰"之称的刘公岛彻底被攻陷了，曾经一度威震远东的清朝北洋舰队就这样全军覆没了。1895年2月17日，"镇远舰"和其他被俘的北洋舰队的船只一起被编入日本舰队，"镇远舰"则成了日本海军的第一艘战斗舰。

2004年，中国耗资5000万元人民币，严格按照清朝北洋水师"定远舰"的模样，以当时的规格1∶1仿造了"定远舰"，以纪念甲午战争中抗击日军的将士。如今这艘仿制的"定远舰"停泊于威海港作为水上博物馆，展出"定远舰"、北洋水师及甲午战争等内容。

❖ 日本瓷器上的"镇远舰"

"镇远舰"成为日本海军的战舰后，曾参加日俄战争及明治33年在神户举行的海上观舰式大校阅。1898年，被定为二等战舰（日语中"战舰"即为战斗舰、Battleship之意），1905年12月改为一等海防舰，1911年4月1日，除籍并作为武器靶舰，1912年4月6日，出售拆解，指挥舱中的陈设炮、海疆图等交付日本海军部纪念馆保存，所遗铁锚、铁链被日本政府陈列于东京上野公园。第二次世界大战后，"镇远舰"上的部分文物被美军缴获，作为重要文物与日本人投降签字照片一起收藏于美国亚洲文化学院历史博物馆，还有部分"镇远舰"遗物于1947年由招商局"飞星"号和"隆顺"号轮船分两批接回祖国。

❖ 在日本服役的"镇远舰"

2020年9月17日，"定远舰"遗址水下考古队在山东威海湾刘公岛昔日的北洋海军基地东侧海面，经过10多个小时的作业，成功将"定远舰"上一块重达18.7吨的铁甲起吊出水。这是目前国内出水的唯一一块北洋海军铁甲舰装备的护防装甲。

致远舰

甲午战争中英勇赴义的战舰

"致远舰"是清朝北洋水师的主力战舰,其虽非最大、最厉害的战舰,却因在甲午战争中的壮举而成为我国历史上最著名的战舰之一。

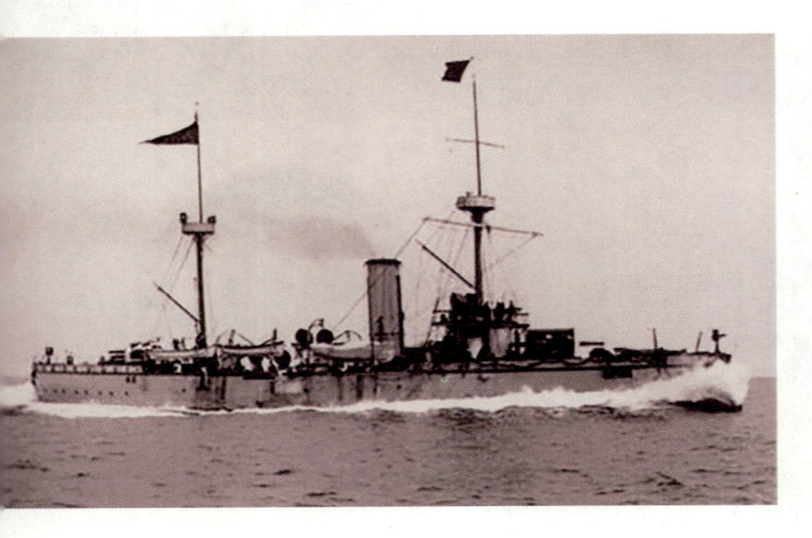

鸦片战争后,清朝政府开始学习西方建设新式海军,主要是以当时的海上霸主英国海军为师,并向英国大量订购舰船,而后因购舰过程中发生了一些不愉快,清政府转而向新生的海军强国德国订购军舰,这让英国人很不高兴,因而时常会评论德国人给南洋、北洋水师建造的各种舰艇,从中找到各种缺点,以显示英国造船业更胜一筹。

❖ 致远舰

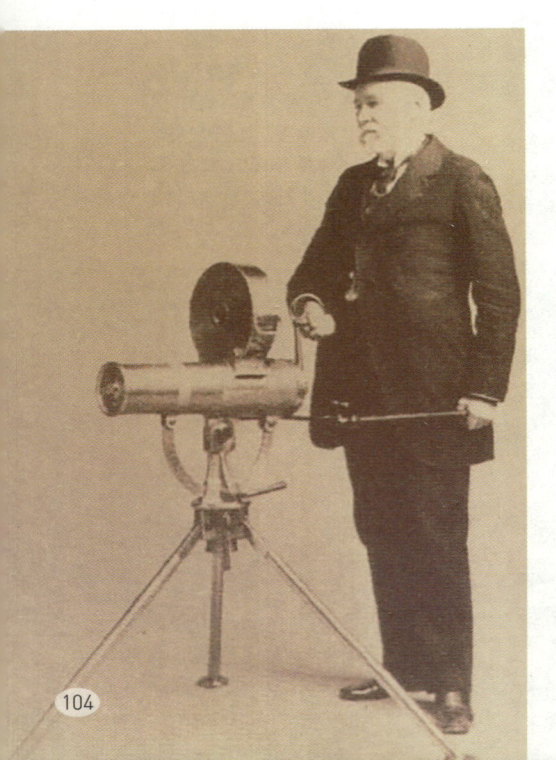

自甲午海战以后百余年来,从《清史稿》、近代史著作,到各种以甲午战争为背景的电影、电视剧以及大、中学历史教科书中,都描写了"致远舰"官兵奋勇作战、全舰250余人一同壮烈殉国的历史事件。

选用英国人的设计

中法战争结束后,清政府进一步意识到了海防的重要性,掀起新一轮外购军舰的热潮。恰逢

❖ 加特林(格林连珠炮)

加特林即美国的格林连珠炮,是一种用手把摇动枪管围绕轴心转动的转管武器,火力异常猛烈,它是现代加特林机关炮的始祖。它是由美国人理查德·乔丹·加特林(1818—1903年)在1862年发明的。"致远舰"装配了6门格林连珠炮。

在德国建造的"定远舰""镇远舰"以及"济远舰"3艘交付使用，因此，北洋大臣李鸿章，提议以"济远舰"穹甲巡洋舰的设计，再在英、德两国各订造两艘穹甲巡洋舰。

"济远舰"是德国建造的第一艘穹甲巡洋舰，它在建造过程中效仿了英国的舰船设计，因此，英国人指出了"济远舰"的8处缺陷，同时向清政府提交了一种全新的巡洋舰设计方案，这种巡洋舰不仅弥补了"济远舰"的8处缺陷，还有各种优点，最终，清政府也认定了"济远舰"在设计上的不足，而将巡洋舰的设计方案改为"西国通行有效船式"，即英国人设计的穹甲巡洋舰方案，随后向英国阿姆斯特朗公司的埃尔斯维克工厂订造"致远舰"和"靖远舰"，同时，在德国订购"经远舰"和"来远舰"。

被誉为"英厂杰构"

"致远舰"为"致远级"巡洋舰的首舰，总造价84.5万两白银，被誉为"英厂杰构"，这种

"致远级"巡洋舰回国时每门炮都携带了普通铸铁开花弹15发、钢质开花弹5发、子母弹5发、实心弹25发，配套还附带了50个发射药包。

❖ "致远级"上的大炮（复制品）

"致远级"的主炮炮架大大优于"济远舰"。这种火炮射速为2.5分钟1发，远远超过了传统的克虏伯架退炮，每门炮备弹50发，均为弹药分装式。

❖ 埃尔斯维克工厂

英国阿姆斯特朗公司的埃尔斯维克工厂，当时世界上主要的装甲舰、战列舰都以此厂出产的最知名。中国和日本的很多军舰也在此生产。

❖ "致远舰"试航时的照片

新式穹甲巡洋舰,由英国阿姆斯特朗公司杰出的舰船设计师威廉·怀特爵士设计,舰首尖削,线型向后逐渐舒缓,舰尾呈椭圆形,舰长76.2米,宽11.58米,吃水4.57米,排水量2300吨。舰船上配置了4台圆式燃煤锅炉和两座卧式三胀往复式蒸气机,其输出功率为5500匹马力,最高可达7500匹马力,航速18.5节,是北洋舰队中航速最快的大型军舰。

"致远舰"和"靖远舰"以及在德国订购的"经远舰"和"来远舰"使用的都是统一由德国克虏伯公司制造的火炮,而且型号统一,此举是为了便于战时供给弹药。除此之外,"致远级"巡洋舰上还安装有多门大口径火炮以及美国的格林连珠炮,还在舰首、舰尾和两舷安装了4具鱼雷发射管等武器。

1887年年底,"致远舰"顺利试航,之后便移交给北洋水师,邓世昌担任"致远号"管带。

全舰250余人殉职

从"致远舰"之后,清政府便出于各种原因,停止了北洋水师采购新战舰的计划,甚至削减了大量经费,以至于"致远舰"和"靖远舰"一直是北洋水师最"新式"的舰船。而日本一直以北洋水师最先进的战舰为假想敌,不断建造舰船,以至于到黄海海战之前,日本的海上力量已经明显强于北洋水师。

❖ 邓世昌
1887年春,李鸿章奏派邓世昌率队赴英、德两国接收清政府向英、德订造的"致远舰""靖远舰""经远舰""来远舰"4艘巡洋舰。

❖ 邓世昌(中间)与"致远舰"官兵

依据李鸿章的指示,"致远级"穹甲巡洋舰的主炮和在德国造的"经远级"装甲巡洋舰一样,采用了北洋海军大量装备的德国克虏伯1880式210毫米25倍口径后膛钢箍套炮,每艘舰装备3门,分艏艉布置,艏楼甲板上装备双联炮台1座,另1门安装在艉楼甲板上。

❖ "吉野"号

"吉野"号与"致远舰"都来自英国阿姆斯特朗公司的埃尔斯维克工厂。"吉野"号是甲午海战前一年刚刚竣工的新锐巡洋舰,最大航速可达23节,是当时世界上速度最快的巡洋舰,比北洋水师最快、最先进的巡洋舰"致远舰"还要快4.5节。

1894年9月17日,黄海海战爆发。开战不久,日本联合舰队就集中火力攻击高高悬挂大清"龙旗"的北洋水师旗舰"定远舰"。"定远舰"已经服役了12年,加上北洋水师一直经费不足,已经长久疏于保养,在日舰的猛烈轰炸下,舰桥突然震塌,高高悬挂的"龙旗"也被损坏。为了保护"定远舰","致远舰"管带邓世昌在自己的舰艇上挂起了"龙旗",吸引来无数日军的炮火。

一时间,黄海整个大东沟海域敌我双方各舰百炮怒放,硝烟弥漫,海水沸腾。"致远舰"更是遭到日本多艘舰船围攻,全舰燃起大火,船身倾斜。邓世昌指挥"致远舰"连连炮击敌舰,最后炮弹打光了,看着敌舰依旧不断发射炮火,邓世昌感到最后时刻到了,于是对全舰官兵道:"吾辈从军卫国,早置生死于度外,今日之事,有死而已!""倭舰专恃吉野,苟沉此舰,足以夺其气而成事",于是,他毅然指挥"致远舰"开足马力,撞向日本主力舰

"致远舰"爆炸,邓世昌坠海后,北洋水师救援船向他抛去了救生艇,被他果断拒绝,并大声道:"我立志杀敌报国,今死于海,义也,何求生为!"他饲养多年的爱犬"太阳"游到他的身边,用嘴咬住他的衣服想拖他上岸,邓世昌与"致远舰"共存亡的信念坚定,他抱住爱犬,一起沉没于波涛之中,与全舰官兵250余人一同壮烈殉国。

"吉野"号右舷，决意与敌同归于尽。敌舰见状大惊失色，忙集中炮火朝"致远舰"狂轰，"致远舰"不幸被一发炮弹击中，导致发生爆炸而沉没，全舰250余人殉国，仅7人获救。

名扬华夏的忠勇之舰

邓世昌生前常说："人谁不死，但愿死得其所尔。"他在黄海海战中终于如愿"死得其所"，享年45岁。邓世昌牺牲后举国震动，光绪帝垂泪撰联："此日漫挥天下泪，有公足壮海军威。"并赐予邓世昌"壮节公"谥号，追封"太子少保"，入祀京师昭忠祠，御笔亲撰祭文、碑文各一篇。

如今，再次翻开那段历史，北洋水师兵败如山倒，在威海卫全军覆没，《马关条约》的割地赔款，仍然让人心情压抑沉重。而"致远舰"的以死相搏，成为那个黑暗岁月里并不多的一抹亮色，它也因此成为一艘名扬华夏的忠勇之舰，成为中国舰船的楷模。

❖ **邓世昌雕塑**

李鸿章在《奏请优恤大东沟海军阵亡各员折》中为其表功，说："……而邓世昌、刘步蟾等之功亦不可没者也。"

❖ **"教子有方"匾**

邓世昌殉国后，清廷赐给邓母一块用1.5千克黄金制成的"教子有方"大匾，拨给邓家白银10万两以示抚恤。邓家用此款在原籍广东番禺为邓世昌修了衣冠冢，建起邓氏宗祠。

威海卫百姓感邓世昌忠烈，于1899年在成山上为邓世昌塑像建祠，以志永久敬仰。

1996年12月28日，中国人民解放军海军将一艘新式远洋综合训练舰命名为"世昌舰"，以示纪念。

❖ **电影《甲午风云》中邓世昌站在"致远舰"上指挥作战**

电影《甲午风云》中，邓世昌的一句"撞沉吉野"，让我们始终铭记那段悲怆屈辱的历史，更让我们无法忘记葬身海底的"致远舰"。

"泰坦尼克"号

永不沉没的船首航即沉没

1912年2月3日,美国曼哈顿的巴特雷海岸,上万人伫立在雨水中默默地迎接"泰坦尼克"号上的幸存者。首航的"泰坦尼克"号沉没了,惊醒了沉浸在征服世界美梦中的人们,让人们牢牢记住了人类的傲慢与自信是要付出代价的。

1908年的一天晚上,英国国际海运公司董事长约瑟夫·布鲁斯·伊斯梅与哈兰德和沃尔夫公司(现哈兰德与沃尔夫重工业公司)董事长威廉·皮尔里勋爵在位于伦敦贝尔格莱维亚区的大宅中共进晚餐时,谈论起了竞争公司卡纳德公司的两艘大船。于是,伊斯梅提议也建两艘空前巨大的邮轮,每艘有3座烟囱,吨位要超出卡纳德公司两艘新船1.5万吨左右,就这样,他们一拍即合。

"永不沉没"的"泰坦尼克"号

1908年7月29日,伊斯梅委托哈兰德和沃尔夫公司对大船的设计规划宣告完成,不过不是造两艘,而是3艘。两天后,伊斯梅签下协议书,同意哈兰德和沃尔夫公司建造这3艘新船。1909年3月31日,"泰坦尼克"号正式开工,有1.5万名工人参与了建造,船只规模相当之大,舰长269.06米,宽28.19米,吃水10.54米,动力达5.9万马力,排水量达4.6万吨,被赞誉为"永不沉没"的"泰坦尼克"号。

1912年2月3日,"泰坦尼克"号完成了最后的装潢工作,船上每个房间都极其奢华和精致。此外,船上还配有室内游泳池、健身房、土耳其浴室、图书馆、电梯和壁球室,甚至还有阳光充裕的巴黎咖啡馆。当时的《造船专家》杂志介绍,"泰坦尼克"号在许多细节方面模仿了凡尔赛宫,船上有摆满路易十五风格家具的休息室;有风格

❖ 约瑟夫·布鲁斯·伊斯梅

英国国际海运公司董事长约瑟夫·布鲁斯·伊斯梅曾否决了"泰坦尼克"号配备48艘救生艇的想法,而到危急时刻,他抛下他的乘客、船员和船,趁指挥释放救生艇的船员没注意,在最后一刻跳进救生艇。伊斯梅成为生还者之一,一生受到谴责,不过他支付了"泰坦尼克"号遇难者亲属数十万英镑的赔偿金。1937年10月17日,74岁的伊斯梅在伦敦梅费尔去世。

❖ "泰坦尼克"号试航

类似法国小特里亚农宫的沙龙，壁炉上的雕刻作品是《凡尔赛宫的狩猎女神》，还有精美的浮雕和艺术作品、柚木和黄铜装饰、吊灯和壁画、印度和波斯的地毯。

意想不到的处女航

1912年4月10日，在英国南安普敦港的海洋码头，伊斯梅登上"永不沉没"的"泰坦尼克"号，并宣布正式起航驶往纽约。

❖ "泰坦尼克"号头等舱中的豪华楼梯

"泰坦尼克"号载着旅客起航了，船上的乘客如同在陆地上一样，享受着船上所有的设施，3天过去了，所有的人都沉浸在平稳的航行之中。

然而，4月14日，"泰坦尼克"号上的船员收到了附近多艘船只发来的冰情警报，随即迅速进行了应对，遗憾的是，"泰坦尼克"号因为船体太大，船舵太小，加上前进速度又太快，并没有能够及时停止前进，轮船右舷与冰山相撞，"永不沉没"的"泰坦尼克"号开始下沉。

在随后的4小时中，"泰坦尼克"号释放了所有的救生艇，优先疏散老弱妇孺并进行求援。但在生死考验下，原本有序的疏散逐渐失控，有船员、富商偷偷驾驶救生艇离开，人群开始拥挤推搡。人性的善与恶在这里被暴露无遗。

4月15日凌晨，在满船混乱的状态下，"泰坦尼克"号上的乐队（共8人）在乐队指挥华莱士·哈特利的带领下，继续为乘客们演奏音乐，以安抚这些注定要在几十分钟后死去的人们。2时18分，"泰坦尼克"号承受不住水压开始解体，伴随着乐队最后一个音符，逐渐开始消失在海平面上，而此时它的船尾甚至仍浮在水面，就像燃烧到尽头的蜡烛一般，挣扎着最后的辉煌。

❖ "泰坦尼克"号幸存者的救生艇

面对生死抉择，有些人选择像绅士一样地死去，富翁古根海姆穿上夜礼服，"即使死去，也要死得像个绅士"。来自丹佛市的伊文斯夫人把救生艇座位让给了一个带着孩子的母亲。

电影中"泰坦尼克"号撞上了冰山，"永不沉没"的"泰坦尼克号"面临沉船的命运，主角罗丝和杰克刚萌芽的爱情也将经历生死考验。

❖ 电影《泰坦尼克号》中的名场景

"阿芙乐尔"号

打响"十月革命"第一炮

"阿芙乐尔"号巡洋舰因在"十月革命"中打响第一炮而闻名全世界，它拥有众多历史性的功绩，苏联政府曾授予它红旗勋章和十月革命勋章，并在涅瓦河畔为它建立了永久停泊处，供人们参观。

圣彼得堡附近的涅瓦河畔有一艘巨大的军舰——"阿芙乐尔"号，它静静地停泊在那里，历经将近120年的风霜雨雪，是俄罗斯历史的完美见证者，也是参加"十月革命"的英雄！虽然它的样子陈旧过时，但是仍然引人注目。

"阿芙乐尔"号巡洋舰

这是一幅反映"十月革命"的油画，画作中的探照灯光线就来自左侧远处的"阿芙乐尔"号。

❖ 油画：《十月革命》

"阿芙乐尔"号是以古罗马神话中的司晨女神"阿芙乐尔"的名字命名的，意为"黎明"或"曙光"。"阿芙乐尔"号是由圣彼得堡的海军船厂建造的一艘巡洋舰，它于1902年建

❖ 刚刚下水的"阿芙乐尔"号
刚刚下水的"阿芙乐尔"号，此时上层甲板上的建筑未修建，武器也未装配。

成，1903年服役于波罗的海舰队。该舰长126米，舰宽16.8米，排水量6731吨，吃水6.4米，航速19节，加满油可航行4000海里，甲板厚度38~64毫米，装备152毫米45倍径舰炮8门，75毫米炮24门，37毫米炮8门，鱼雷发射管2具，可载舰员570名。"阿芙乐尔"号和大多数巡洋舰一样，是一种火力强、用途多，主要作为远洋活动的大型水面舰艇，装备有较强的进攻和防御型武器，具有较高的航速和适航性。

在对马海战中表现不佳

1904—1905年，日本和俄国为争夺朝鲜半岛和中国东北而爆发了日俄战争。

"阿芙乐尔"号与俄国波罗的海舰队的其他部分军舰一起被抽调，组成俄国第二太平洋舰队，赴远东增援。俄国第二太平洋舰队历尽艰辛，航行3万千米，经过220天的远航到达太平洋，在对马海峡遭遇预先部署的日本联合舰队，爆发了对马海战。战争结果可想而知，俄国第二太平洋舰队2/3的舰只被摧毁，几乎全军覆没。"阿芙乐尔"号和其他几艘俄舰在巡洋舰分队旗舰"奥列格"号的率领下脱离舰队，向南穿过对马海峡，最后到达1500海里以外的菲律宾（被扣留，战后归还俄国）。

❖ 日俄战争后归国的"阿芙乐尔"号

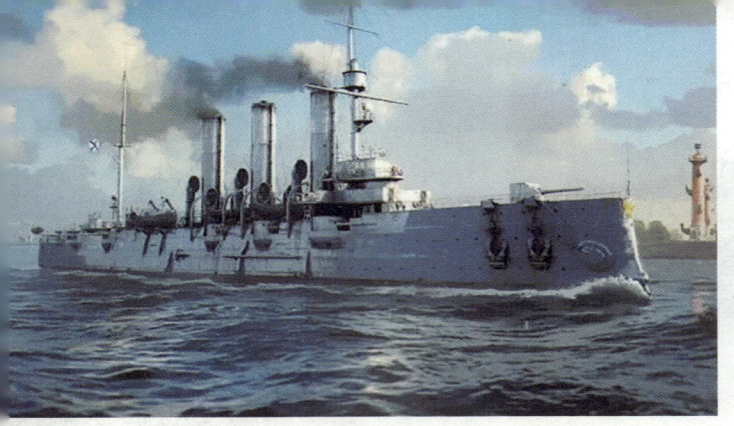

"阿芙乐尔"号建造完成后,参加过多次对外访问和"非战争军事行动"。比如,1910年11月"阿芙乐尔"号访问墨西拿,领取意大利政府颁发给俄国水兵的"地震救援荣誉金牌"。1911年9月22日,"阿芙乐尔"号曾开赴泰国曼谷参加泰国国王加冕的庆祝活动,并于1912年2月回国,途中访问克里特岛。

❖《战舰世界》杂志中的"阿芙乐尔"号照片

"阿芙乐尔"号被改为教练舰

沙皇俄国政府对外依赖外国资本,热衷侵略扩张;对内实行残暴的阶级压迫、民族压迫和经济剥削。1905年,日俄战争的失败更导致民众对皇权丧失信心,阶级矛盾和民族矛盾空前尖锐,导致1905年俄国革命爆发。

此时的"阿芙乐尔"号获释,在回国的途中获知了国内的革命情况,全舰官兵都受到感染,纷纷开始备战,准备回国后加入革命斗争中。然而,沙皇俄国政府察觉到了"阿芙乐尔"号的水兵不可靠,当他们靠岸后,便被清缴了武器装备,并将"阿芙乐尔"号改为教练舰。直到第一次世界大战爆发后,"阿芙乐尔"号才再次被装备武装,派往芬兰湾执行巡逻任务。

❖ "阿芙乐尔"号首批军官合影

"阿芙乐尔"号参加了"二月革命"

第一次世界大战是摧垮沙皇俄国政府的最后一击,国内无法应对战争带来的损失,民生物资变得极其贫乏,举国上下动乱四起,推翻沙皇的斗争越演越烈。

1916年,"阿芙乐尔"号因作战受损进厂维修。1917年3月8日至12日(俄历2月23日至

27日）俄国爆发革命运动，史称"二月革命"，"阿芙乐尔"号的水兵也发动了起义，参加了推翻沙皇的斗争，推翻了罗曼诺夫王朝，结束了君主专制的统治，"二月革命"后俄国出现了两个政权并立的局面，即俄国临时政府（俄罗斯共和国）和苏维埃政权。

❖ 伤痕累累的"阿芙乐尔"号

著名的"七月事变"

"二月革命"后，俄国国家机关的要害部门都掌握在苏维埃政权手中，俄国临时政府企图通过战争来夺取权力，但是遭到惨败。这激起了人民的愤怒，特别是士兵。

❖ 第一次世界大战时期的"阿芙乐尔"号巡洋舰

1917年5月12日，列宁到正在工厂大修的"阿芙乐尔"号上发表演说，水兵们受到鼓舞，纷纷加入布尔什维克党。

7月3日，全国发动了示威游行，布尔什维克党领导的苏维埃政权紧急进行劝阻，但起义还是发动了。于是，布尔什维克党决定使游行成为和平、有组织的运动。

7月4日，在布尔什维克党的组织下，和平示威者高呼："一切权力归苏维埃！"同日，"阿芙乐尔"号全体官兵宣布不承认俄国临时政府，不服从其指挥，只服从波罗的海舰队布尔什维克军事委员会的领导，成为第一艘升起革命红旗的俄罗斯海军舰艇。当日下午，俄国临时政府对和平示威者进行了镇压，并宣布首都戒严，解除工人武装，封闭《真理报》并通缉列宁。这就是著名的"七月事变"。

"十月革命"一声炮响

自推翻皇权后,布尔什维克党一直主张俄国临时政府和苏维埃两个政权并存,但是"七月事变"打破了布尔什维克党的幻想。

1917年11月6日,波罗的海舰队布尔什维克军事委员会向"阿芙乐尔"号下达了一个命令:"把军舰开到涅瓦河口,停泊在尼古拉耶夫桥下待命。"

11月7日(俄历10月25日),"阿芙乐尔"号舰上的电台广播了列宁签署的《告俄国公民书》(这个电台仍完好无损地保存在舰上),向临时政府发出最后通牒,令其晚上6点20分之前无条件投降,但遭到拒绝。当晚9点45分,"阿芙乐尔"号受命率先向俄国临时政府府邸冬宫发射了一枚空炮弹,一声炮响后,揭开了伟大的俄国"十月革命"的序幕。

"阿芙乐尔"号炮打冬宫是发出进攻的信号,列宁率领布尔什维克的赤卫队员、士兵和民众迅速包围了冬宫,并于11月8日凌晨两点占领,11月8日10时,军事委员会散发了列宁起草的《告俄国公民书》,宣布俄国临时政府已被推翻,政权已转归苏维埃。

传奇并未画上句号

"十月革命"胜利后,1918—1920年,苏俄又爆发了"国内革命战争"。内战中,"阿芙乐尔"号的舰炮被拆下来,充当伏尔加河和里海分舰队的浮动炮台,而舰上的水兵则组成海军步兵,奔赴各条战线战斗。战后,"阿芙乐尔"号不再执行战斗任务,舰上的火力配置也改为10门130毫米火炮和两

1918年7月17日,沙皇俄国末代皇帝尼古拉二世在叶卡捷琳堡与皇室成员一起被布尔什维克枪决。

俄国"十月革命"是人类历史上第一次获得胜利的社会主义革命,世界上第一个社会主义国家由此诞生。"十月革命"的胜利沉重打击了帝国主义的统治,推动了国际社会主义运动的发展,鼓舞了殖民地半殖民地人民的解放斗争。因此"阿芙乐尔"号打响的"十月革命"第一炮意义非凡。

冬宫初建于1754—1762年,是昔日沙皇的皇宫,现为国立艾尔米塔什博物馆。冬宫由意大利著名建筑师巴托洛米奥·拉斯特雷利设计,是18世纪中叶俄国新古典主义建筑的杰出典范。

❖ 冬宫

门76毫米防空炮。从1923年起,"阿芙乐尔"号被正式编入波罗的海舰队的训练舰支队。但是,"阿芙乐尔"号的传奇并未画上句号。

1941年6月22日,德国几十个师包围了列宁格勒,年迈的"阿芙乐尔"号又随着波罗的海舰队支援列宁格勒。因为自1923年起"阿芙乐尔"号一直作为训练舰使用,舰上的炮火射程无法打击到围困列宁格勒的德军,于是官兵们将舰上的火炮拆下了9门,组成了"波罗的海舰队独立特种炮兵连",赶赴列宁格勒城郊。舰上仅留下1门舰炮和1个炮兵班守护。

"波罗的海舰队独立特种炮兵连"依靠9门从舰上拆下来的火炮,与围困列宁格勒的德军坦克作战,最终因寡不敌众而被团灭。

"阿芙乐尔"号最后的坚强

1941年9月16日,德国空军发现了"阿芙乐尔"号,于是发动了多轮轰炸,"阿芙乐尔"号留守的官兵仅凭1门舰炮还击,9月27日,因舰身多处被德军飞机轰炸,而以

❖ "阿芙乐尔"号上的高射炮

❖ 油画:"波罗的海舰队独立特种炮兵连"作战的场景

3度右倾坐沉于港内，船身依旧在水面之上，船上唯一的1门舰炮也被卸了下来，安装到其他战舰上去了。即便是这样，"阿芙乐尔"号每天还会继续升起红旗，德军岸炮和飞机依旧会不定时地对它进行轰炸，这种轰炸的状态一直持续到1943年8月，"阿芙乐尔"号的舰旗才被击中，但是很快新的旗帜又被留守的士兵挂了起来。

❖ "阿芙乐尔"号舰旗被重新悬挂了起来

"阿芙乐尔"号舰旗被击中掉落水中后，留守的战士沃尔科夫冒着炮火，奋不顾身地跳入水中将旗帜捞起并重新悬挂了起来。

"阿芙乐尔"号的舰旗象征着苏维埃海军和列宁格勒人们不屈的抵抗意志，一直飘扬在舰船的上空，经受着德军不定时的轰炸，直到持续900天的列宁格勒保卫战结束，苏军打退了德军，列宁格勒解围。随后，第二次世界大战进入尾声，弹痕累累的"阿芙乐尔"号被拖出水面，进行了船体和舰上设施修复。

据统计，"阿芙乐尔"号在修理结束后，仅1987—1990年，参观人数就达200万人次，其中有50万人来自世界上的其他国家。

从1948年11月起，这艘传奇战舰作为"十月革命"的纪念物，永远停泊在静静的涅瓦河畔，并成为海军博物馆供游客参观，舰首主炮也被命名为"革命荣誉武器"。

这是舰首的一门152毫米主炮。钉在火炮防盾上的金属牌上面用俄文书写着：1917年10月25日（俄历）21点40分。"阿芙乐尔"号巡洋舰根据革命军事委员会的命令用这门火炮历史性地发出了进攻冬宫的信号。

❖ "革命荣誉武器"

"大亨利"号

世界上第一艘真正意义上的风帆炮舰

科技革新

英格兰都铎王朝的第二位国王亨利八世一生建树颇多,他曾缔造了英国皇家海军的辉煌,世界上第一艘真正意义上的风帆炮舰就是在他的主持下建造并以他的名字命名的,但由于其复杂的婚姻史,人们往往忽略了他的成就。

英格兰国王亨利八世最为出名之处在于他娶了6个貌美如花的妻子,他的情感生活被拍成了许多影视剧,他的许多政绩反而被人们忽视了。

亨利八世喜好研习全球地理,曾制作了最早的世界地图,该地图上美洲大陆将大西洋和太平洋分隔开来,因此,亨利八世有了统治全世界的想法。要统治全球就要制造出精良的帆船,所以亨利八世下令制造一艘"无以伦比"的大船,全名为"上帝的恩典亨利",简称"大亨利"号。

"大亨利"号上携带500张紫杉大弓、200根长矛、200把攻击斧、120桶生石灰(在有利的风向时抛向敌舰)。

"大亨利"号又名"亨利大帝"号,简称"哈里"号或"大哈里"号。它是一艘有4根桅杆的"大船",建成于1514年,1536年时船上共有700名乘员,其中有400名士兵和40名炮手。

"大亨利"号是一艘"卡拉克"型4桅炮舰

1514年,"大亨利"号在伍尔维奇造船厂建造完成,这是一艘"卡拉克"型4桅炮舰,前两桅各有三面帆,后两桅各有两面三角帆,船首竖一面斜杠帆,船体全长约41.4米,宽11.4米,排水量为1000~1500吨。

❖ 亨利八世

亨利八世身材魁梧,能文能武。在统治初年,他受到文艺复兴新思潮的影响,曾写过两本书,并且还会写诗作曲,他登基不久创作的民谣《绿袖子》成为众口相传的流行歌曲。

"大亨利"号建造完成后，被送往埃里斯的海军造船厂安装大炮，机械师给"大亨利"号装上了21门铜制大炮，其口径为60～203毫米，射程达1500米，并在船体两侧开出炮门，炮门由铰链闭合，以防止海水渗入。在此之前，没有任何船上安装过这么多大炮，因为大炮在开火时，后坐力会使船体剧烈摇动，为了解决这个问题，机械师将火炮装在下甲板上。

"大亨利"号在索伦特战役中出尽风头

1545年，"大亨利"号以及多艘英国风帆巨舰参加了对抗法军的索伦特战役，法国海军机动灵活的加莱船成群地扑向英国的风帆舰队，密集的小口径炮弹将英国巨舰团团围住，此时英国风帆舰队却显得笨拙，毫无招架之力，然而，即便如此，"大亨利"号依旧在法国加莱船密集的炮火中，稳稳地射出密集的炮弹，虽然炮弹难以命中矮小且机动灵活的法国加莱船，但是巨炮的威力以及密集度震撼了两军，如此的巨舰和大炮是在以往海战史上绝无仅有的，法国舰队吓得连连回撤，英国风帆巨舰也因太笨拙而无法追击。

英国虽然在索伦特战役中损失惨重，但是"大亨利"号却名扬各国，从此各国开始建造真正意义上的军舰，而英国则开始打造更轻便的军舰。

❖ 法国加莱船

❖ "大亨利"号

在"大亨利"号之前,各国一直是由商船"客串"作为"炮舰"使用,也就是将商船简单地改造,加固和加装一些小口径的炮,而"大亨利"号是世界上第一艘真正意义上的风帆炮舰,真正的"炮舰"便由此诞生。

"大亨利"号结束了由商船兼任炮舰的时代,它的出现让英国皇家海军实力大增,直到1547年亨利八世病逝,都无人敢进犯不列颠岛沿岸。

索伦特海峡是英吉利海峡中的一个小海峡,位于英格兰汉普夏沿岸和怀特岛之间。西起尼德尔斯,东至南安普敦水道。
❖ 索伦特海峡的瞭望塔

"大亨利"号参加的战役并不多,除了1545年参与了索伦特战役外,便是参与了一些外交活动,以彰显英格兰实力,如亨利八世曾乘坐"大亨利"号跨海与法国国王弗朗西斯一世会晤。

1553年,亨利八世去世,他虽然有过6位王后,却只有一个儿子,即继任的爱德华六世,以及两个女儿玛丽·都铎和伊丽莎白·都铎。别看他子嗣不多,但个个都当过英格兰国王。

❖ 亨利八世统治时期的大炮
亨利八世统治时期,各国使用的火炮大部分都是小口径的,尤其是船载火炮更轻,虽然灵活,但是远不如"大亨利"号上升级后的火炮威力大。因此,在索伦特战役中,笨拙的巨舰"大亨利"号威力惊人,战后各国纷纷升级战舰和火炮。

隐蔽的鳗鱼

世界上第一艘成功的潜艇

电影《东方不败之风云再起》中的故事情节荒诞不经，电影中日本大名雾隐雷藏竟然夸张地拥有潜艇，让人匪夷所思，电影情节恶搞夸张，其中的故事发生在明末，也就是 17 世纪初，实际上当时世界上还真的已经出现了潜艇——"隐蔽的鳗鱼"。

地球表面约 71% 是烟波浩渺、深邃莫测的海洋。自古以来，人类就不断探索海洋，希望能揭开它那神秘的面纱。早期的人们为了探索海洋而设计出各种潜水器，但都不能算潜艇，直到"隐蔽的鳗鱼"诞生，潜艇才开始真正进入人们的视线。

❖ 电影《东方不败之风云再起》中的潜艇

世界上最早的潜水器

公元前 3500 年，古埃及人首先发明了玻璃，他们用它来制作首饰，并揉捏成特别小的玻璃瓶。到了公元前 1000 年，古埃及人已经掌握了玻璃吹制的工艺，到公元前 4 世纪时已经能吹制出多种形状的玻璃产品。

约公元前 334 年，亚历山大大帝率领大军打败波斯国王大流士三世后，公元前 332 年，他出兵入侵当时处于波斯统治下的埃及，很快埃及便归降并成为马其顿帝国的一部分。

❖ 亚历山大大帝

亚历山大大帝（公元前 356 年—前 323 年），马其顿王国（亚历山大帝国）国王（公元前 336 年—前 323 年在位），称亚历山大三世。世界古代史上杰出的军事家和政治家，西方历史上四大（一说七大）军事统帅之首。他使马其顿成为当时世界上领土面积最大的国家，公元前 323 年在巴比伦病逝，年仅 33 岁。

最早发明玻璃的是埃及人,早期玻璃仅仅用于装饰,或者用来制作项链上面的坠饰和手链。

亚历山大大帝征服埃及后,对埃及的玻璃尤为感兴趣,于是命令埃及工匠制造了一个超大的用于潜水的玻璃容器,内部用驴皮做衬垫,容器外面装有铁架,然后亲自坐进玻璃容器内,下沉至海底200肘(相当于23~30米)的地方,欣赏和观察海底世界。亚历山大大帝乘坐的玻璃容器应该是最早的潜水器了(也有记载是因为围城不果,亚历山大大帝才使用玻璃容器潜水观察敌情)。

达·芬奇的设计

早期人类利用各种装置潜入水下探索海洋的记载有很多,除了亚历山大大帝乘坐玻璃容器潜水之外,意大利艺术大师兼发明家达·芬奇还设计过一个近似潜艇的物品。

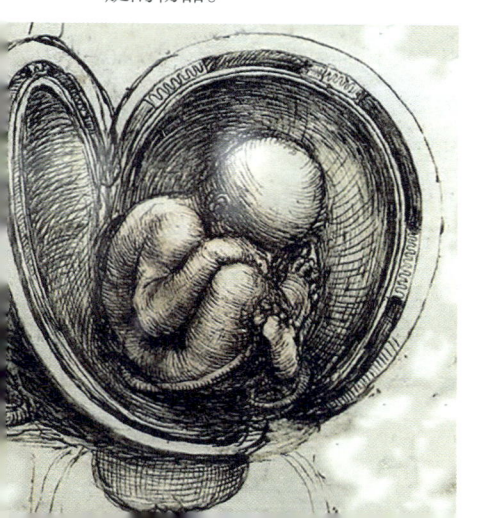

❖ 16世纪的绘画中描述的亚历山大大帝乘玻璃容器潜水

关于亚历山大大帝乘坐玻璃容器潜水的故事有很多,而且每个人的描述都不同。因此,在历史上对潜水容器的形状有不同的记载。

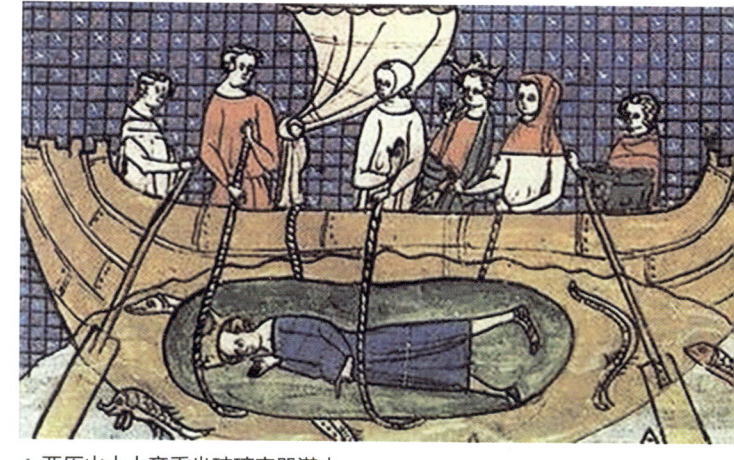

❖ 亚历山大大帝乘坐玻璃容器潜水

根据亚里士多德的记载,在公元前332年提尔围城战中,亚历山大大帝曾经用一个玻璃制成的原始潜水器潜入水中侦察。

❖ 达·芬奇近似潜艇的设计

达·芬奇思想深邃,学识渊博,擅长绘画、雕刻、发明、建筑,通晓数学、生物学、物理学、天文学、地质学等学科,是人类历史上少见的全才。其最大的成就是绘画,有《蒙娜丽莎》和《最后的晚餐》等作品,然而,他不仅是一位伟大的画家,还是一个博学者,在他的手稿中还记录了一个近似潜艇的设计。

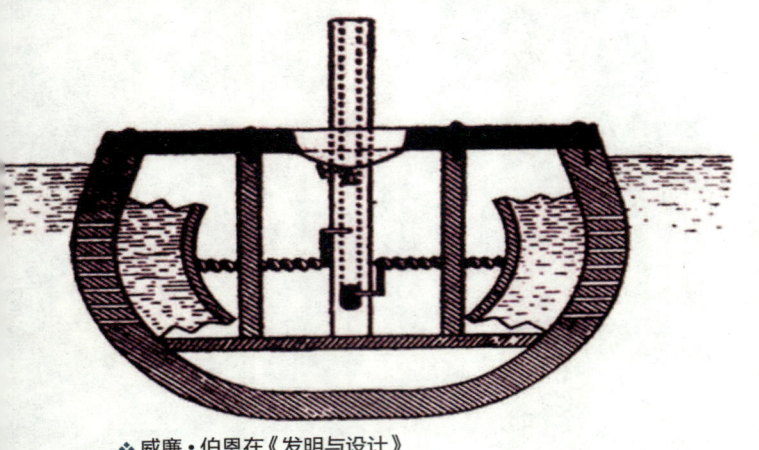

达·芬奇曾经在手稿中绘制过一幅近似潜艇的图,据说他还在手稿边写下了一句话:"真正的魔鬼深藏在人类的心中,他们将学会如何在海底杀人。"这句话也预言了日后潜艇将应用于军事中,而背离探索海洋的初衷。

❖ 威廉·伯恩在《发明与设计》中介绍的潜艇

达·芬奇构思中的"水下航行的船只",受时代科技和道德思想的约束,认为不够"光明正大",所以受到鄙视和排斥。因此,直到第一次世界大战,人们抓到潜艇中的俘虏人员都可能会按照海盗来处理。

最早的潜艇设计

潜艇作战一直被视为不够"光明正大",但是它却因具有超强的隐蔽性、作为水下作业的船只而被各国重视。1578 年,英国数学家威廉·伯恩著书《发明与设计》,书中详细地介绍了潜艇制造的原理,"要想让潜水船能随意浮出水面或者潜入海底,就必须确保潜水船的排水量能随时根据需要变化,这样就可以让潜水船随意沉浮"。威廉·伯恩还在书中介绍用皮革制造可伸缩的浮沉装置。但是,威廉·伯恩并没有按照自己的设计去制造潜艇。

科内利斯·德雷布尔 1572 年出生于荷兰,就读于哈里姆学院,他最初学习雕刻,后来对炼金术和机械发明产生了兴趣。1613 年,他受到英国国王詹姆斯一世的邀请前往英国,并继续进行发明工作,他的成果包括各类光学仪器、高精度温度计、新式烤炉、染料等。当然在军事界最著名的还是发明了德雷布尔潜艇。

❖ 科内利斯·德雷布尔

德雷布尔制造出第一艘潜艇

威廉·伯恩的"水下航行船"理论面世后 40 年,居住在英国的荷兰物理学家科内利斯·德雷布尔注意到了他的"水下航行"的理论,于是他产生了制造潜艇的想法,他的想法也获得了英国国王詹姆斯一世的肯定和大力支持。

英国自伊丽莎白一世以来,一直纵容海盗在海上劫掠,海盗行为深受英国人推崇,因此,英国不仅没有禁止这种不够"光明正大"的潜水设备,反而很感兴趣。在詹姆斯一世的支持下,科内利斯·德雷布尔根据威廉·伯恩的设计,很快制造出了能在水中任意沉浮的"水下航行船"。

德雷布尔是"潜艇之父"

科内利斯·德雷布尔制造的"水下航行船"又被称为"隐蔽的鳗鱼",这种船由木架构成,木架外蒙上牛皮,外形有些怪怪的,像一个大皮囊,船内装有多个羊皮囊,只需控制羊皮囊中水的重量就可以使船上浮或下沉,船内还有可容纳12名划手和乘客的空间。

1620年,德雷布尔在泰晤士河举办了一次展览,"隐蔽的鳗鱼"潜入水下3~5米,并能自由航行,这吸引了一大批人聚集到河道两岸观看,就连詹姆斯一世也特意登艇视察,还乘坐它潜行了好几千米。

❖ 科内利斯·德雷布尔发明的"永动钟表"

科内利斯·德雷布尔年轻时,欧洲对于永动机的研究很火,德雷布尔也设计了一个由温度和气压变化而无限运动的"永动钟表",并获得了专利。借此机会,他在欧洲贵族和科学圈子里获得了一席之地。

❖ 德雷布尔制造的潜艇

❖ "隐蔽的鳗鱼"在泰晤士河上试航

后来，德雷布尔经过多次试航，证实了"隐蔽的鳗鱼"在水下航行的可能性和隐蔽性。因此，世界上普遍认为德雷布尔是"潜艇之父"，而他制造的"隐蔽的鳗鱼"是世界上第一艘潜艇。

❖ 关于德雷布尔制造的潜艇的猜想

德雷布尔制造的"隐蔽的鳗鱼"试航成功后，并没有过多被商业认可，也未能在军事领域使用，因此，潜艇建造未被重视。100年后，"隐蔽的鳗鱼"的设计图纸也完全失传，后人只能猜测它可能是用划艇改装的，里面配有一队桨手，通过气囊或木质压舱物实现下潜（能否上浮无法确定）。

"海上君王"号

战 列 舰 的 起 源

在木质帆船时代，海战中出现了"战列线战术"，交战方的舰船排成战列线对敌，而参与"战列线战术"的舰船则被称为"战列线战斗舰"，其中最早有记载的战列线战斗舰是英国的"海上君王"号。

在铁甲舰出现之前，木质帆船上的火炮的威力相对弱小，在海上交战时，双方战舰靠炮火互殴，因此，船只的大小直接关系到战争的结果。

16世纪中期，英国海盗遍布整个海洋，让一些海洋殖民国家头疼，尤其是西班牙更是因为与英国交恶后，在海上航行的西班牙运宝船屡遭英国海盗劫掠。因此，英、西两国海上交战不断，这种状态一直延续到英国国王查理一世时期。

为了获得海上作战优势，1636年1月，查理一世拨了一笔巨款，于1637年10月在伍尔维奇船厂建成了"海上君王"号。

❖ "海上君王"号
它是英国第一艘拥有三层完整火炮甲板的军舰，也是第一艘载有100门大炮的军舰，同时还是当时造价最高的军舰。

"战列舰"的英语单词为"Battleship"，直译为"战斗舰"。这个名字源自帆船时代的"战列线战斗舰"。

❖ 英国国王查理一世
查理一世是唯一一位被处死的英国国王，1649年1月30日，查理一世在内战中被克伦威尔打败，并在伦敦白厅前的广场被处死。

当时最大的战舰

"海上君王"号是当时最大的战舰,船身总长51米,宽14.7米,排水量1522吨,拥有3层统长甲板,搭载104门火炮,分别在低甲板及主甲板上安装了30门,在上甲板上安装了26门,艉楼上安装了12门,半甲板上安装了14门,其余火炮均匀分布在船首、船舷和船尾,这些火炮中最大的炮弹净重60磅,如果所有火炮一起射击,其炮弹总重量可达1吨。此外,"海上君王"号可载乘作战水兵上千人,是木质帆船时代作战能力最强的战舰,因此被查理一世起名为"海上君王"。

压倒查理一世的最后一根稻草

"海上君王"号建成后便成为英国皇家海军的王牌战舰,其造价高达65 586英镑,这个造价在当时可以建造10艘以上的普通战舰,船上的火炮配置以及各种装饰的费用更是惊人,直接造成了查理一世的财政危机。因此,为了筹集巨额海军建设费,查理一世设置了一项特别的税款——船税,导致国内动乱,内战频发,以至于在1642年和1648年两次内战中,先后被克伦威尔统率的"铁骑军"和新模范军打败,自己也被送上了断头台。

❖ "海上君王"号上的火炮
原本"海上君王"号的主设计师菲尼亚斯·佩特认为,该型舰只需装备90门火炮,但查理一世强烈要求增加到104门(共重165吨),使之成为当时最大的拥有三层甲板的纯风帆战舰。

"海上君王"号由英国最顶尖的造船师菲尼亚斯·佩特设计,由他的儿子彼得在伍尔维奇造船厂监督建造。

"海上君王"号在同时期战舰中属于庞然大物,图中显示其他船只在它旁边显得非常小。
❖ "海上君王"号

荷兰人称它为"金色魔鬼"

1653年,克伦威尔建立了军事独裁统治,自任"护国主",英国皇家海军的舰艇更是扩大了3倍之多,由原来的40艘主力舰扩大到了120艘,"海上君王"号依旧是主力舰之一,并且成为英国皇家海军舰队司令、海军上将罗伯特·布莱克的旗舰,先后参加了对抗荷兰和法国海军的众多海战,如肯梯斯诺克海战、波特兰海战、奥福德岬海战、索尔湾海战、思洪菲尔德海战、特塞尔海战、比奇角海战和巴尔夫勒海战等,战绩赫赫,以至于荷兰人称"海上君王"号为"金色魔鬼"。

战列线战舰缘起

在波特兰海战中,罗伯特·布莱克乘坐"海上君王"号,面对拥有单舰优势的荷兰舰队的围追堵截,布莱克指挥麾下舰船排成纵队,形成攻防灵活的"战列线"对敌,依靠舰队队形优势,将荷兰舰队的单舰优势彻底瓦解。这是海战史上首次使用"战列线战术",而参与"战列线战术"的战舰则被称为"战列线战舰",这便是战列舰的起源,"海上君王"号是"战列线战舰"中最有名的一艘。

此后,"战列线战术"主导了海战300年,直到铁甲舰以及威力更大的火炮出现,"战列线战术"才逐渐淡出海战。

❖ "海上君王"号的船首

"海上君王"号的船首高高昂起,是用黄金打造的古老的英格兰国王埃德加骑着一匹英俊战马的雕塑。

英国海军上将罗伯特·布莱克,英国内战和第一次英荷战争中的名将。他是克伦威尔的亲密战友,在英国内战中率领海军屡次打败保王党。在第一次英荷战争中表现优异,与乔治·蒙克一同击败了荷兰海军。他革新了英国皇家海军战术,奠定了近代英国皇家海军的基础。

❖ 罗伯特·布莱克

❖ 交战双方的战列线战术

意外被大火焚毁

"海上君王"号一共服役了 60 余年，是英国皇家海军最优秀的舰船之一，期间经过改建和升级，并重新命名为"皇家君主"号，退役后的"皇家君主"号停靠在查塔姆海军造船厂。1697 年 1 月 27 日，一场意外的大火将其几乎焚毁殆尽。

鉴于"皇家君主"号服役期间的荣誉，按照英国皇家海军的传统"要让这个名字一直漂浮在海洋之上"，后来，又有多艘战舰被命名为"皇家君主"号。

"海上君王"号带来的战列舰热潮

"海上君王"号虽然被大火焚毁，但是真正意义上的铁甲战列舰却不断被各国建造，是 1860 年至第二次世界大战后各国海军的主力军舰舰种之一。

1849 年，法国建造了世界上第一艘以蒸汽机为主动力装置的战列舰"拿破仑"号，标志着蒸汽战列舰时代的到来，但是它依旧使用风帆作为辅助动力。

1861 年，英国第一艘铁壳装甲战列舰"勇士"号也挂有辅助的风帆。

❖ "海上君王"号

1906年，英国建造了装甲舰"无畏"号战列舰，它是当时世界上最大、火力最强的战舰，此舰的问世开创了海军学术史上巨舰大炮的新时代，成为各国效仿造舰的对象。

20世纪30年代以前，战列舰的多少成为衡量一个国家海军实力强弱的标准之一。直到第二次世界大战后，战列舰在海战中的地位才逐渐被航空母舰所取代。

❖ "拿破仑"号战列舰
法国是世界上第一个建造蒸汽战列舰的国家。1849年建成的"拿破仑"号战列舰，装备100门舷炮，排水量5000吨，不但是全世界第一艘蒸汽动力的军舰，而且使用螺旋桨推进，但它还是木壳船并保留了风帆。

❖ "无畏"号战列舰
英国皇家海军著名装甲战列舰。1905年在朴次茅斯动工建造，次年完成，创造了战列舰建造周期最短的纪录。"无畏"号是以大口径主炮为主要武器的装甲战列舰，其首舰命名为"无畏"号。此后，同型舰船均列入"无畏"级。1914年该舰编入大舰队，参加第一次世界大战。由于航速较慢，1916年日德兰海战前退出大舰队。

乌龟艇

世界上第一艘投入实战的潜艇

从潜艇诞生起,这种能潜入水下的船只大部分仅用作水下作业或者从事一些隐秘的军事活动,因此被世界各国忽视。直到美国独立战争时期才诞生了第一艘军用潜艇——"乌龟艇"("海龟"号),从此揭开了潜艇实战的序幕,人类的战场也从陆地和水面发展到了水下。

在德雷布尔制造出第一艘潜艇之后,潜艇的研究和制造并无太多变化,潜艇的技术发展一直处于停滞状态,人们只是使用橡木、松木板、皮革、粗麻布、树脂、铁条、铜皮等材料制造了一些不同的潜水船只。直到美国独立战争期间,潜艇才被开发出了军事价值,从而被各国重视。

华盛顿资助研发潜艇

在美国独立之前,北美洲一直是英国的殖民地,由于英国政府的过度剥削,引起了殖民地的英国移民以及移民后裔们的不满。1775年4月,英国政府军队与乔治·华盛顿领导的北美殖民地军队擦枪走火,美国独立战争爆发。

英国政府军队装备精良且训练有素,而北美殖民地军队则装备不足,且缺乏训练,因此在战争初期,北美殖民地军队屡战屡败。

为了应对英国政府军队,华盛顿四处寻找帮手,同时花费大量的财力装备军队,其中就有一项是资助耶鲁大学毕业生大卫·布什内尔研发潜艇,用于对付英国皇家海军的海上封锁,尤其是驻扎在纽约港外的英国皇家海军的"老鹰"号,它是一艘装备64门大炮的快速帆船,一直在北美大陆沿海与港口耀武扬威。

❖ 乌龟艇

外形酷似乌龟壳的"乌龟艇"

大卫·布什内尔不负所望,于1776年制造出可用于作战的潜艇,这艘潜艇构造简单,外壳是木质的,外形酷似乌龟壳,因而得名"乌龟艇"。

❖ 英国皇家海军中的"老鹰"号

❖ 关于美国独立战争的油画

这幅油画名为《华盛顿横渡特拉华河》,是德裔画家埃玛纽埃尔·洛伊茨于1851年创作的一幅油画,描绘了1776年12月25日圣诞节之夜,华盛顿率领北美殖民地军队出其不意地横渡特拉华河,这次行动拉开了特伦顿战役的序幕。

华盛顿以极小的代价占领了特伦顿,这大大地提升了士气。之后在很短的时间里,华盛顿又在特伦顿击败了英国军队,然后成功地袭占了普林斯顿,从此扭转了北美殖民地军队自独立战争开始以来被英国政府军队压制的局势。

❖ "乌龟艇"复制品
图上的"乌龟艇"是2007年纽约一位艺术家制作的一个复制品。

❖ "乌龟艇"复制品内部结构

在大卫·布什内尔之后,"乌龟艇"一直是科学家研究设计潜艇的参考,有一个名叫威廉·鲍尔的人在1852年也曾设计出一款如下图的潜艇。

❖ "乌龟艇"

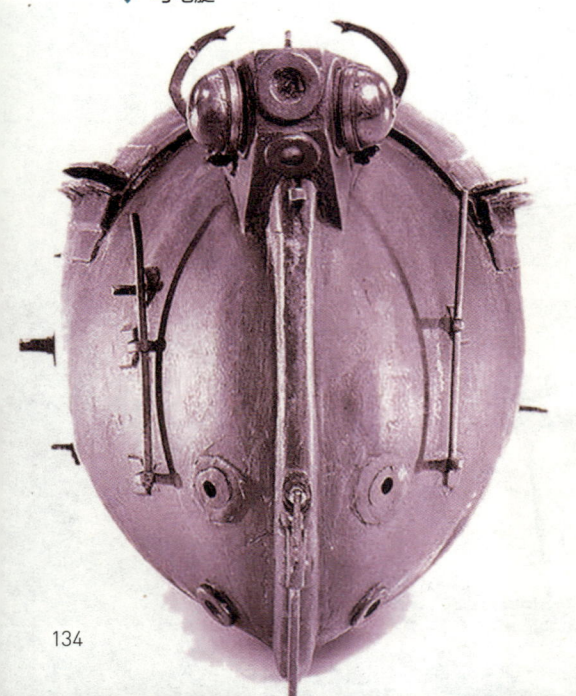

"乌龟艇"非常小,仅能一人操作驾驶,靠手摇螺旋桨推进,以3节左右的速度前进;艇内设置了一个水舱,驾驶员只需脚踏阀门就可以向水舱注水,使潜艇下潜,最深可潜至水下6米,并能在水下停留约半个小时。上浮时只需操作压力水泵,排出水舱内的水即可,如果遇到紧急情况还可以扔掉潜艇中的90千克重的铁块配重,使潜艇迅速上浮;在"乌龟艇"的顶部可携带一个装有约68千克炸药的火药桶,当它要攻击敌舰时,只需潜到敌舰下面,用装在潜艇顶部的钻头钻敌舰底板,再把火药桶系在敌舰底板处,潜艇迅速离开,当远离危险区后,定时装置就会引爆,利用火药桶爆炸的威力炸沉敌舰。

"乌龟艇"的首次攻击

"乌龟艇"造好后便被指派执行炸毁"老鹰"号的任务，原本这次任务是要由布什内尔亲自完成的，但是他因为身体状况不佳而未成行，由美国水兵上士埃兹拉·李驾驶"乌龟艇"代为执行。

埃兹拉·李经过学习后很快就掌握了"乌龟艇"的操作方法。1776年9月7日，他趁着夜幕掩护，驾驶"乌龟艇"随着水流很快就成功地潜到了"老鹰"号的尾部。他随即操作"乌龟艇"顶部的钻头在"老鹰"号上钻孔，不巧的是，钻头钻到了"老鹰"号上的金属板，因而无法钻入。当埃兹拉·李准备重新换地方钻孔的时候，因为对潜艇操作不太熟练，加上潜艇内部的氧气不足，他显得手忙脚乱，只能放弃攻击，浮出水面时被英国巡逻艇发现，为了摆脱英国巡逻艇的追击，埃兹拉·李释放了潜艇顶部的火药桶，并引爆了火药，爆炸的巨响吓退了英国巡逻艇。史上第一艘真正用于战争的潜艇的第一次战斗就这样结束了。

"乌龟艇"虽然没能成功攻击英国皇家海军的"老鹰"号，但是它开启了潜艇攻击水面舰艇的先河。此后，军用潜艇被许多国家重视，纳入国家军事系统。"乌龟艇"因与现代潜艇有相同的设计原理而赢得了世界上"第一艘军用潜艇"的美名，在世界潜艇发展史上占据了一席之地。

❖ "乌龟艇"潜到"老鹰"号旁边

1880年9月，我国在天津建成第一艘潜艇，艇体形如橄榄，水下行驶十分灵敏，可于水下暗送水雷，置于敌船之下。

❖ 逃回纽约港内的"乌龟艇"

"克莱蒙特"号

蒸汽船走到世界舞台中心

"克莱蒙特"号是近代造船史上第一艘真正的汽船,它以蒸汽机为新的动力系统,以螺旋桨为新的推进系统,它的诞生标志着帆船时代的结束和汽船时代的开启。

发明"克莱蒙特"号的是美国人富尔顿·罗伯特,他出生于美国宾夕法尼亚州的兰开斯特,父亲是一个农民。

聪明的少年

小时候,富尔顿聪明、顽皮,常划着小船出去钓鱼,有风的时候,划船会很吃力,甚至划不动,这激发了他的思考,为什么船顶风就划不动?为什么拼命划桨也没用?怎样使划船不费劲呢?有没有顶着风也能航行的办法呢?

就这样,一个顽皮的少年,带着对科学的好奇,转而努力学习,直到结识了瓦特,爱上了蒸汽机,并开始设计制造轮船。

❖ 富尔顿·罗伯特

富尔顿的蠢物

1803年,富尔顿设计并研制出一艘长21米、宽2.5米的轮船,这艘轮船其貌不扬,船中搭载了瓦特设计的烧煤的大蒸汽机,再由蒸汽机带动大大的被称为明轮的装置,靠明轮转动划水前进,整艘船显得十分笨重。

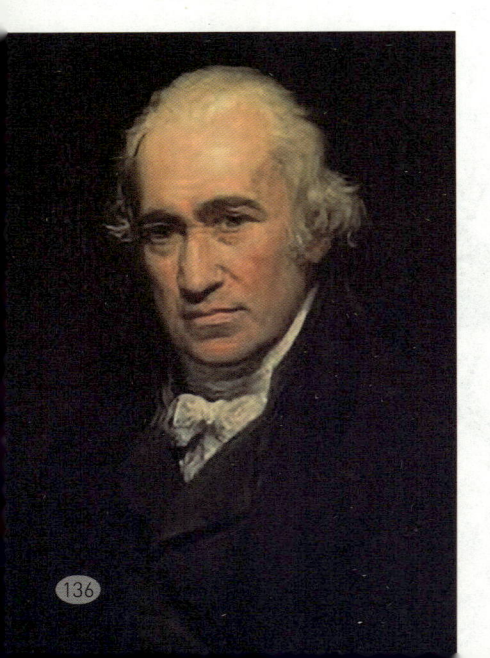

❖ 瓦特

瓦特并不是第一个发明蒸汽机的人。公元1世纪,亚历山大·希罗曾设计过类似的机器。1698年,汤姆斯·萨威利获得了用蒸汽机抽水的专利权。1712年,英国人汤姆斯·牛考门获得了稍加改进的蒸汽机的专利权。牛考门蒸汽机效率非常低,只能用于煤矿排水。而1776年瓦特制造出了第一台有实用价值的蒸汽机后,成为"万能的原动机",在工业上得到了广泛应用,开辟了人类利用能源的新时代,也使人类进入"蒸汽时代"。如果没有瓦特的蒸汽机,也就没有"克莱蒙特"号的成功。

❖ "克莱蒙特"号

"克莱蒙特"号配有功率大约为 15 千瓦、当时最先进的"双作用瓦特蒸汽机"。它长 45.72 米，宽 9.14 米，吃水深度约 6 米，通常航速约为 6.4 千米/小时。

试航时，围观的人见船丑陋不堪，戏称它为"富尔顿的蠢物"，而且船吐气冒烟，走走停停，没走多远就不动了，在人们的哄笑声中首次试航结束了，"富尔顿的蠢物"这个名字便传扬开来。

拿破仑没看上他的"蠢物"

首次试航没有成功，但是富尔顿耗尽了所有积蓄，为了能继续他的蒸汽船梦，富尔顿想到了拿破仑。

因为自 1804 年 12 月 2 日拿破仑加冕称帝，整个欧洲除了英国之外，其余各国均向拿破仑臣服或结盟，而拿破仑正在着手构思穿越英吉利海峡、进攻英国本土的计划。富尔顿见此良机，向拿破仑建议：建立一支蒸汽船舰队，即使在恶劣的天气也可以轻松远航。但是，

❖ 瓦特蒸汽机

拿破仑并不看好"富尔顿的蠢物",而是拿出大笔军费去扩充风帆船队。事实证明,拿破仑的选择是错误的,此后,他在英法交战中连连失利,征服英国的梦想完全破碎了。假如拿破仑投资富尔顿研究蒸汽船舰队,或许能在海战中一举击败英国。

蒸汽船项目再次启动

富尔顿在拿破仑那里碰了一鼻子灰,但是他的蒸汽船研究却被美国驻法国公使利文斯顿看上了,在听完富尔顿的介绍后,他更是对以蒸汽机为动力的船只的未来大肆赞扬,不仅如此,利文斯顿还发动美国实业界捐款,为富尔顿提供研究所需要的各种帮助,富尔顿的蒸汽船项目再次启动。

❖ 利文斯顿

利文斯顿(1746—1813年)全名罗伯特·R·利文斯顿,纽约殖民州及美国政治家、共济会纽约州分会首位总师,《独立宣言》和《邦联条例》的起草人之一,美国开国元勋,纽约州第一任总理,美国驻法国公使,第一艘蒸汽船"克莱蒙特"号的赞助人。

美国人把富尔顿的故乡——宾夕法尼亚州的兰开斯特县命名为"富尔顿县",用以纪念他对人类做出的杰出贡献。

早期的轮船都是使用明轮推进的,其传动轴心很高,整个机器暴露在水面上,这种装置在民用时还算安全,但是用在战舰上时却有很多不便,一方面挡住了战舰自身舷侧火力的发挥,另一方面它成为敌人的炮火容易打击的目标。

❖ 早期的轮船都带有"明轮"

终于，在富尔顿的努力下，1807年，"克莱蒙特"号蒸汽船在纽约市的哈得孙河再次下水试航。河两岸挤满了围观的人，纷纷嘲笑"富尔顿的蠢物"。试航开始后，"克莱蒙特"号的大烟囱冒出滚滚浓烟，在蒸汽机轰响声下，船慢慢离开码头，向前驶去……

经过32小时的航行，"克莱蒙特"号胜利到达哈得孙河上游的阿尔巴巴城，全程航行240千米。从此，"富尔顿的蠢物"成为人见人爱的"宠物"，蒸汽船正式走上历史舞台。富尔顿的名字也随之传遍了美国和欧洲。

不久，富尔顿取得了在哈得孙河上航行的独占权，并开办了船运公司。由于这个时期的船是靠蒸汽机带动"明轮"划水前进的，因此，富尔顿被誉为"轮船之父"。很快，短短几年内，美国和欧洲的内陆河流中就有大量的蒸汽船投入了营业性航运。

❖ "克莱蒙特"号纪念币

哈得孙河是美国纽约州的一条河流，长507千米。1524年，由意大利探险家乔瓦尼·达韦拉扎诺发现。1609年，英国人亨利·哈得孙首先渡过此河，后来就以他的名字来命名。

❖ "克莱蒙特"号——纪念明信片

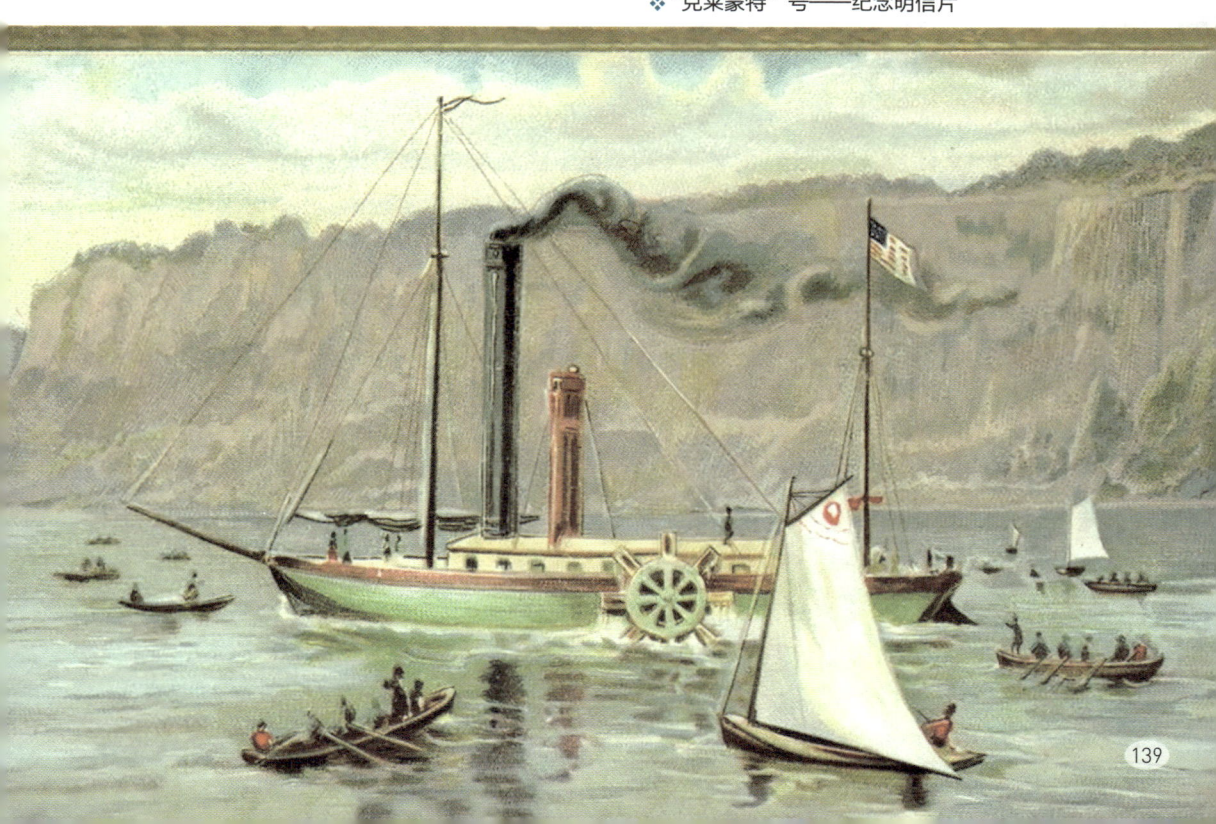

"勇士"号

世界上第一艘装甲战列舰

"勇士"号是世界上第一艘真正意义上的铁壳装甲舰,它的出现意义深远,作为铁甲舰的先驱,它使同时期的木壳装甲舰黯然失色,使各国海军进入从铁质军舰向现代军舰过渡的时期。

19世纪中期,随着法国崛起,英国和法国在军事力量上的角逐从未停止过。1850年,法国蒸汽动力战舰"拿破仑"号服役后,更是引发了英法之间长达10年的军备竞赛。1859年,法国木壳装甲舰"光荣"号的服役,更是打破了两国海上力量的平衡,这使英国的维多利亚女王很担心。

❖ "勇士"号

"勇士"号是勇士级铁甲舰的首舰,与其姊妹舰"黑王子"号同为世界上最早采用铁甲船壳的军舰。

❖ "勇士"号的船首

"勇士"号铁甲战列舰

在克里米亚战争中,传统木质战船面对新式炮弹毫无办法的场面不仅刺激了法国人,也使英国人坐立不安,在法国"光荣"号下水前夕,为了制衡法国海军,1859年5月25日,英国皇家海军的"勇士"号在伦敦开工,1860年12月29日制造完成并下水。

"勇士"号长128米,宽17.8米,与其他战舰不同,该舰两舷各有一条装甲带。这两条装甲带从船首到船尾用一层115毫米厚的铁装甲封闭起来,内部用特殊的木材做衬垫,形成"装甲堡垒",整体上比"光荣"号的装甲更牢固。舰内配备了110磅线膛炮 10 门，68 磅滑膛炮 26 门，40 磅线膛炮 4 门，可谓全面压制了法国的"光荣"号，而且所有的火炮装在"装甲堡垒"里面。

"勇士"号比"光荣"号的吨位更大，火炮更多，装甲更厚，另有 3 根大桅，搭配面积为 4497 平方米的帆，其满载排水量高达惊人的 9137 吨，在蒸汽机的推动下最高航速可达 14.08 节。

"勇士"号虽然只有一层炮甲板，但仍被公认为世界上第一艘装甲战列舰，在以后的 50 年，凡按此标准建造的新军舰统称为铁壳军舰。

曾经出尽风头

1861 年 8 月 8 日，"勇士"号挂起三角旗，开始正式服役。该舰的第一代舰员共有 695 人，首任舰长是阿瑟·科克伦上校。

❖ "勇士"号的结构介绍图

❖ "勇士"号甲板两侧共布置了 26 门 68 磅滑膛炮

❖ 正在建造中的"勇士"号

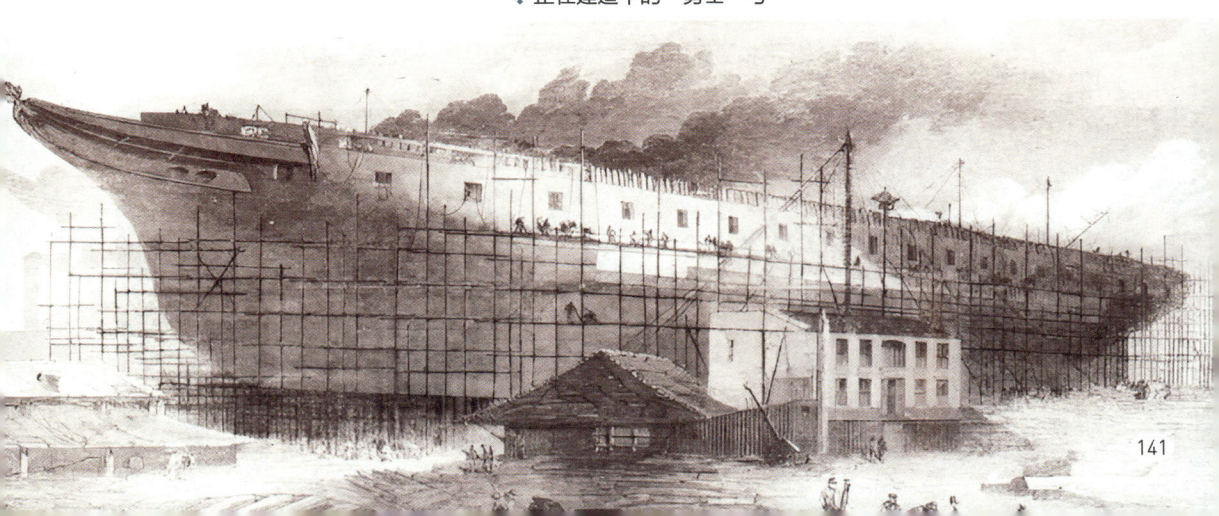

❖ 丹麦公主亚历山德拉　　❖ 22 岁的爱德华七世和 19 岁的亚历山德拉

"勇士"号服役后颇受欢迎，出尽了风头。维多利亚女王为儿子爱德华七世选中的王妃是丹麦公主亚历山德拉，为了彰显英国王室气势，1863 年 3 月，"勇士"号成为迎接太子妃的护航旗舰，随迎娶太子妃的舰队出航，在执行任务期间，"勇士"号颇受"未来王后"的喜爱，还受到了嘉奖与赞赏，赞赏语被镌刻在"勇士"号的方向轮上，以示纪念。

然而，"勇士"号真正风光的日子只有三四年，在吨位更大、装备更强的新舰出现后，它就受到了冷落。

经历坎坷的"勇士"号

随着使用新技术的舰船陆续服役，"勇士"号越来越显得落伍，过时的技术和武器装备让它成了鸡肋。在经过几次改装和更新武器装备后，"勇士"号被派往海峡舰队执行任务，

❖ 1971 年破败不堪的"勇士"号

结果飞来横祸，它撞上了其他战舰。之后，"勇士"号便进入了漫长的"雪藏期"，这期间"勇士"号经历坎坷。1875 年，它被编入预备役，1883 年，因不能胜任工作而被除籍；1904 年，成为英国皇家海军鱼雷学校的工作船，改名为"弗农Ⅲ"号，1923 年，鱼雷学校搬迁，它被彻底废弃，成为一艘报废船只，等待拆船商收购，所幸未能卖出。1929 年，"勇士"号被拖到米尔福德港，成为一艘编号为"C77"的油料驳船（实际上就是充当港口的油料仓库和供给船），这一待就是几十年，与"勇士"号同时代的铁甲舰都被报废拆除后，已经破败不堪的"勇士"号才因历史价值而得到了重视。

❖"黑王子"号铁甲舰
"黑王子"号于 1862 年 9 月 12 日服役。作为"勇士"号的姊妹舰，与"勇士"号隶属于同一舰队，但是命运却不相同，它退役前转移到朴次茅斯作为训练舰，最终在 1923 年 2 月 21 日作为废钢铁出售解体。而"勇士"号作为世界上第一艘真正的装甲战列舰，被重新装修后，成为历史的见证，供人们参观。

最后一次航行

"勇士"号作为英国皇家海军第一艘蒸汽动力铁甲舰，尽管存在着诸多不足，但它却带领英国皇家海军进入了铁甲舰时代。作为重要的历史文物，英国皇家海军拨款对"勇士"号进行了长达 8 年的修复，这次不是给它升级装备和技术，而是恢复它最原始的样子，使它成为铁甲舰时代的活见证。

1987 年 6 月 16 日，"勇士"号修复完毕后，在众多舰船簇拥之下缓缓驶入朴次茅斯港，结束了它的最后一次航行，正式退役了。

拥有 160 多年历史的"勇士"号，虽然从下水之日起，一次真正的海战也没有参加过，更没有任何可以炫耀的战绩，但作为世界上第一艘真正的装甲战列舰，它被载入世界舰艇史册。

❖"勇士"号模型

"鹦鹉螺"号

世界上第一艘核动力潜艇

"鹦鹉螺"号与凡尔纳的经典科幻小说《海底两万里》中的潜艇同名,它是世界上第一艘核动力潜艇,也是世界潜艇史上首屈一指的名角。

1954年1月21日,一艘拥有近乎完美动力——核动力的潜艇建成下水,它以名著《海底两万里》中梦幻潜艇的名字命名——"鹦鹉螺"号。与当时的常规动力潜艇相比,它的航速大约快了1倍,甚至更多,这一消息令各国震惊。

❖ 德国U型潜艇
在第二次世界大战中,横行大西洋的德军潜艇是U型潜艇,德国的水下猎杀战术被称作"狼群战术"。

小说《海底两万里》中描述的"鹦鹉螺"号是一艘70米长的纺锤形潜艇,最高时速可达50海里,使用的是电能,从海水中提取钠进行充电,有近乎无限的续航能力。

使用核能的设想

在第二次世界大战时的大西洋上,德国肆无忌惮地使用潜艇在盟军的海上交通线上"猎杀"盟军的船只。潜艇当时是最神秘的武器,偷袭是它最恐怖的战术,为了完成水下隐蔽作战,潜艇采用的是蓄电池提供的动力,一旦电能耗尽,就必须浮出水面使用机器动力配合进行充电,这大大降低了潜艇的隐蔽性,也限制了潜艇在水下的时长。

德国潜艇在第二次世界大战中的优势,导致各国纷纷开始研发更具战斗力的潜艇,美国华盛顿州立大

❖ 1959年《时代》周刊封面人物——里科弗
里科弗很不擅长和领导打交道,他顽固、暴躁,自高自大、冷酷无情,藐视常规军舰,保守的海军将军们不喜欢他,甚至一心想把他赶出海军,但倔强的里科弗坚决不退役,并牢牢霸占着美国海军核动力舰艇权威的位置。因此,美国海军高层内部戏称他为"老贼"。

学教授、物理学家菲利普·艾贝尔森最早提出使用核能作为潜艇动力源的概念。之后，美国海军研究实验室的著名物理学家罗斯·冈恩提出用核能带动机械工作的理论。使用核能作为动力的种种设想和理论被美国军方高层重视。

❖ "鹦鹉螺"号准备从珍珠港起航开往北极

研发"鹦鹉螺"号核潜艇

1948年，美国军方高层任命美国海军上将海曼·乔治·里科弗为国家原子能委员会和海军船舶局两个核动力机构的主管，同时兼任核潜艇工程的总工程师。

在里科弗的领导下，核潜艇基地在荒无人烟的内华达沙漠中建成，又通过了几年的努力，能安装在狭小空间的核反应堆建成，很快这个反应堆被安装到潜艇之中，利用核裂变产生热量驱动蒸汽轮机发电，在最大航速下，可连续航行50天，全程3万千米而不需要加任何燃料。

作为世界上第一艘核潜艇，"鹦鹉螺"号对全世界范围内的潜艇技术发展有着巨大的推动作用。在潜艇技术、潜艇战术的发展变化，以及反潜战战术及技术发展等方面都产生了深远的影响。

艾贝尔森提出的使用核能作为潜艇动力源的概念，获得了美国海军上将海曼·乔治·里科弗的支持，并促使美国国会在1951年7月批准一纸建造案，授权建造一艘核动力潜艇。潜艇将编号为SSN-571，命名为"鹦鹉螺"号。它是美国第六艘使用此名的船只，也是第三艘使用此名的潜艇。

"鹦鹉螺"号长98.7米，宽8.4米，水面排水量3533吨，水下排水量4092吨。它是以法国科幻作家凡尔纳的名著《海底两万里》中梦幻潜艇的名字命名的，寓意这是一个让梦幻变成现实的伟大创举。

美国海军隶下的"鹦鹉螺"号是世界上第一艘核潜艇，据美国统计，"鹦鹉螺"号在历次演习中共遭受了5000余次攻击。据保守估计，若是常规动力潜艇，它将被击沉300次，而"鹦鹉螺"号仅被击中3次，"鹦鹉螺"号展示了核潜艇无坚不摧的作战能力。此后，1958年"鹦鹉螺"号成功进行了北极航行，闯出了一条冰下航线。

❖ "鹦鹉螺"号从北极归来

"竞技神"号

世界上第一艘水上飞机航空母舰

在英国海军史上,"竞技神"号是一个历史悠久的舰名。人们通常把它与"航空母舰鼻祖"这4个字联系在一起,它是英国实现航空母舰之梦的希望之光。

❖ "竞技神"号巡洋舰

自从水上飞机成功试飞后,人们便表现出极大的兴趣,它和陆上飞机一样,很快被用于商业和军事活动中。1909年,法国著名发明家克雷曼·阿德在《军事飞行》一书中第一次向世界描述了飞机与军舰结合的设想,也第一次使

❖ 克雷曼·阿德

克雷曼·阿德,法国工程师,发明了世界上第一架飞机,并于1890年10月9日成功试飞,因飞机的制造涉及国家机密,他发明的飞机成果直到1906年才被允许公布。但是,1903年12月17日,美国的莱特兄弟已经向全世界宣传了他们的飞行实验。因而,克雷曼·阿德错过了成为飞机制造第一人的机会。

用了"航空母舰"这一概念。然而，克雷曼·阿德关于"航空母舰"的设想并未引起法国军方的重视，却引起了英国的重视。

为了抗衡德国的"齐柏林飞艇"

19世纪中叶，英国作为当时世界上最强大的国家，有"世界工厂"之称。但19世纪70年代以后，英国的经济发展缓慢下来，并在19世纪90年代被美国超过，新兴的德国也在迅速崛起，大有赶超英国的势头，这大大地触动了英国的利益和地位。

1900年，德国第一艘"齐柏林飞艇"完成首航，1909年开始在德军中服役，这让英国非常担忧，为了应对"齐柏林飞艇"，英国皇家海军决定大力投入研发飞机，然而"齐柏林飞艇"如同巨龙盘踞高空，而当时的飞机只能算是小怪兽，为了抗衡"齐柏林飞艇"这样的庞然大物，英国皇家海军想到了克雷曼·阿德关于"航空母舰"的设想。

世界海军史上第一艘水上飞机航空母舰

1913年5月，英国皇家海军选中一艘1900年下水、排水量5700吨的轻巡洋舰"竞技神"号，这艘船是英国海军史上第8艘以"竞技神"命名的舰船，因此又被称为"竞技神八世"。

"竞技神八世"被拆除了几乎所有的重型火炮，进行了大规模改装，前面部分变成了起飞平台，后面部分变

❖ 齐柏林飞艇

1909年，在德国政府的支持下，齐柏林创办了世界上第一家民用航空公司——德莱格飞艇公司。1913年，德国国防部开始为齐柏林的公司提供资助，以求使飞艇技术能够为德国争得未来战场上的军事优势。

1914年，第一次世界大战全面爆发，"齐柏林飞艇"很快在战场上找到了用武之地。德国军方将"齐柏林飞艇"视为攻击协约国后方地区，以打击其民心、士气和动摇士兵战斗意志的战略利器。

第一次世界大战期间，英国、德国、俄国、法国、美国、日本都有以货轮改装的水上飞机母舰，用以侦察、弹着观测、海岸巡防，并执行对地与对舰攻击。

❖ "齐柏林飞艇"的框架结构

成了停机平台和机库，这艘轻巡洋舰摇身一变，成为世界海军史上第一艘水上飞机航空母舰——"竞技神"号水上飞机航空母舰。

为了使"竞技神"号能搭载更多当时英国最先进的"肖特式"水上飞机，英国皇家海军还对水上飞机的机翼做了折叠改造。

1914年7月28日，第一次世界大战爆发，"竞技神"号改装完不久后，便满载"肖特式"水上飞机被派往英吉利海峡执行任务，它原本是为了抗衡来自德国"齐柏林飞艇"的威胁，没想到德国人不讲武德，在英国人研发"航空母舰"的同时开始悄悄地建立潜艇部队，因此"竞技神"号到达英吉利海峡时，德国人并没有使用"齐柏林飞艇"，而是派潜艇提前潜伏在英吉利海峡的海底，"竞技神"号在毫无防备也毫无反潜经验的情况下，被德国潜艇射出的两枚鱼雷击沉。

"竞技神"号是英国海军历史悠久的舰名

"竞技神"号航空母舰在第一次世界大战中并没有什么杰出表现，但它自改装后，前后起落超过30架次水上飞机，这足以证明航空母舰的价值，也给英国皇家海军建造真正的航空母舰提供了经验。此后，英国皇家海军吸取了改装"竞技神"号的经验，改建了几艘航空母舰，开始尝试把常规飞机装备到军舰和水上飞机航空母舰上，用以拦截大洋上空的德国"齐柏林飞艇"，其中最有名的是"暴怒"号航空母舰。

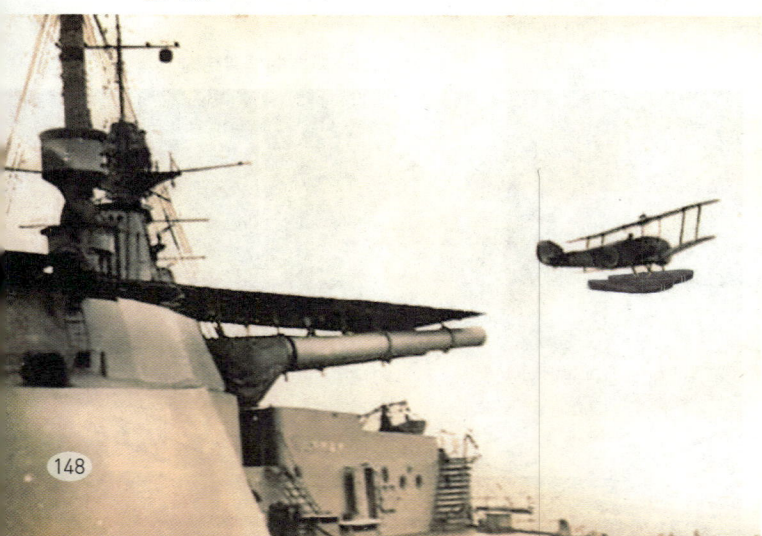

❖ 折叠机翼后的"肖特式"水上飞机

从1914年8月开始，德国在30艘潜艇的基础上建成了一支第一次世界大战中技术最先进、规模最大的潜艇部队，而潜艇总数到战争结束时则增加到350艘左右。

在英国热热闹闹地改造和建造航母的同时，法国基本已经超越英国完成了"闪电"号的换装；日本计划改装"若宫"号，混合搭载英国和法国制造的水上飞机。

❖ 从"竞技神"号起飞的水上飞机

"竞技神"号直接鼓舞了英国皇家海军改造和建造航空母舰的信心，为了纪念"竞技神"号这个历史悠久的舰名，自"竞技神"号水上飞机航空母舰后，英国皇家海军又先后经历了三代"竞技神"号航空母舰，如果说第一代"竞技神"号是世界上第一艘水上飞机航空母舰；那么第二代"竞技神"号则是世界海军史上第一艘真正意义上的航空母舰，它不再是由其他军舰或商船改装，而是完全按照航空母舰的标准建造；第三代"竞技神"号建于第二次世界大战末期，是为了纪念在第二次世界大战中被击沉的第二代"竞技神"号，这是一艘在英国皇家海军历史上服役时间较长的航空母舰。

1917年年初，英国皇家海军装备了外形轻巧的索普威斯"幼犬"式单座双翼战斗机，这种采用轮式起落架的小型战斗机可以从水上飞机航母的飞行甲板上直接滑跑起飞，却不能在甲板上降落，只能在海面上迫降，飞行员由军舰捞救，飞机则只能遗弃。因此，英国皇家海军才开始尝试改造和建造能起飞和降落非水上飞机的航母。

1917年，英国皇家海军建造了第二代"竞技神"号，创新地用舰桥将烟囱环绕起来，位于甲板右侧形成一个舰岛，加上全通的飞行甲板。从第二代"竞技神"号以后，所有的航空母舰无一例外地使用这种岛式结构。

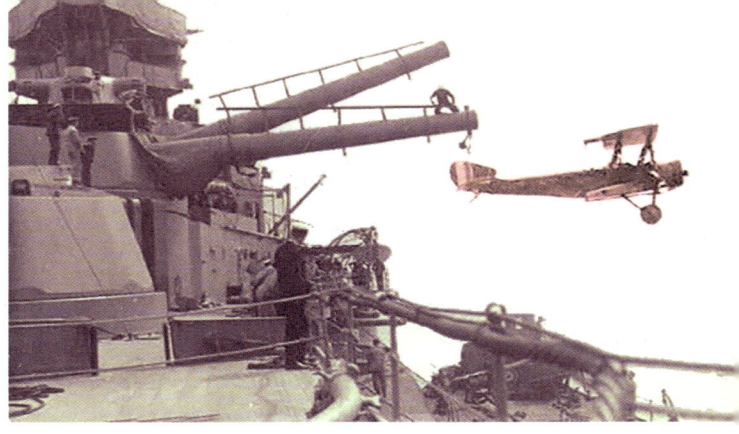

❖ 从航空母舰上起飞的普通飞机

❖ 第三代"竞技神"号

第三代"竞技神"号是由"人马座"级航空母舰中的一艘改名而成，它于1944年开工建造，却到了1955年才服役，它的服役时间也很长，甚至到20世纪80年代还能率队远征马尔维纳斯群岛，航行万里打赢战争。

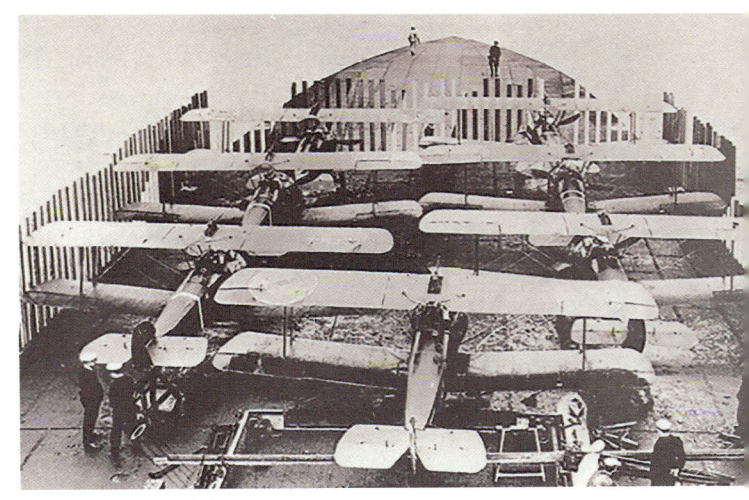

❖ "暴怒"号上停放的飞机

149

"暴怒"号

世界上第一艘改装型航空母舰

"暴怒"号是世界海军史上第一艘改装型航空母舰。第一次世界大战末期，"暴怒"号成功地反击了德军水上飞机的轰炸，它作为一艘改装型航空母舰，开创了近代海战的新格局，使各国纷纷开始研制航空母舰。

❖ **第一次世界大战初期的德国飞机**
1915年，巴黎展示了一架被捕获的德国飞机。这种飞机只在第一次世界大战初期使用过。

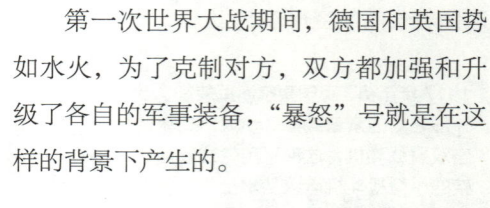

❖ **第一次世界大战中的德国水上飞机**
1918年，德国的水上飞机。

第一次世界大战期间，德国和英国势如水火，为了克制对方，双方都加强和升级了各自的军事装备，"暴怒"号就是在这样的背景下产生的。

"暴怒"号轻巡洋舰的首次改装

英国皇家海军通过改装"竞技神"号，使水上飞机能成功地在它上面起飞和降落，但是却无法让普通战斗机在它上面起飞和降落，这大大降低了航空母舰的战斗力。因此，英国皇家海军决定在"竞技神"号水上飞机航空母舰的技术基础上，将"暴怒"号改造成能起飞和降落普通战斗机的航空母舰。

"暴怒"号于 1915 年在英国阿姆斯特朗船厂开工，这是一艘大型轻巡洋舰，1916 年下水，刚开始是作为巡洋舰使用，为了对抗德国的飞机，1917 年，英国皇家海军将"暴怒"号返厂进行了第一次改装，拆除了炮塔和弹药仓库，将它们改装成可容纳 8 架飞机的机库，将甲板改成飞机起飞跑道，改装后的"暴怒"号成了一半巡洋舰、一半航空母舰的"怪胎"。

❖ "暴怒"号——尚未改装，还有飞机甲板

第一艘真正意义上的航空母舰

"暴怒"号首次改装后，经过试用发现了不少问题，如飞行甲板不够长，导致飞机起飞和降落时很麻烦。一旦投入战斗，在紧急状态下起飞和降落就会更难。因此，"暴怒"号在第一次改装几个月后，再次回厂改装，舣炮被拆除，加长了飞行甲板，使飞行甲板长度达到 86.6 米，并且安装了简单的降落拦阻装置用于飞机的降落。此时的"暴怒"号已经很接近现代的航空母舰。

之后，又经过几次试航和改装，"暴怒"号的飞行甲板已变成长 175.6 米、宽 27.7 米的全通式飞行甲板，并且是双层机库，在机库前加装了短距离的飞行甲板，飞机可以直接从机库中起飞。"暴怒"号已经是一艘具备了海上作战能力的航空母舰。

第一次世界大战爆发前，德国随着经济、军事实力的增强，其野心大为膨胀，想要争夺世界霸权。在非洲，德国企图建立从东非到西南非洲（纳米比亚）斜跨非洲大陆的"赤道非洲帝国"，在中东，德国修建"三Ｂ铁路"，直接损害了英国的利益，并威胁着英属印度的安全。

轻巡洋舰最早称为护卫舰。它具有多种作战能力，用于海上攻防作战和登陆抢滩战等。巡洋舰装备有与其排水量相称的攻防武器系统、精密的探测计算设备和指挥控制通信系统，是现代战舰的基础舰。

❖ 加装了炮筒的"暴怒"号

在改装中翻开了近代海战新格局

1918年6月，德军发现了英国由"暴怒"号组成的舰队（包括轻巡洋舰和驱逐舰），于是派出战机飞到英国舰队上空轰炸，然而，"暴怒"号上搭乘的飞机急速起飞后进行了反击，并成功地击落了德国一架水上飞机，这是飞机第一次从航空母舰上起飞进行攻击并取得胜利，"暴怒"号的出现引起了世界各国的瞩目。

"暴怒"号经过几十年的服役，于1948年正式退役。

❖ "暴怒"号航空母舰——改装后安装了4条跑道的飞行甲板

"勇敢级"大型轻巡洋舰航速快、火力强，但是装甲只相当于同期轻巡洋舰的防护水平，后来证明这种军舰几乎难以使用。

在作战实践中，"暴怒"号经过多次改装，如在1939年，在其右舷增加了一个小型台式建筑，本来希望这个新的建筑作为飞行甲板使用，但后来证实并不实用。

在帆船时代，护卫舰指的是小的、快速的、远距的、装甲轻（只有一个炮台）的船只，这些船一般用来巡逻、传递信件和破坏敌人的商船。

"暴怒"号战列巡洋舰改造的"暴怒"号航空母舰来自英国皇家海军"光荣"号大型轻巡洋舰（嘘嘘巡洋舰），该级舰是为了对德国波罗的海沿岸进行炮轰作战而设计的，具有同战列巡洋舰相近的尺寸和吨位，装备两门双联装381毫米主炮，但是航速高达32节，吃水较浅，防护力仅相当于轻巡洋舰，所以才会有这么一个听起来有点奇怪的舰种名称。

"暴怒"号属于"勇敢级"航空母舰，"勇敢级"航空母舰是英国皇家海军由第一次世界大战时建造的"勇敢级"大型轻巡洋舰的一号舰"勇敢"号和二号舰"光荣"号改装而来。

❖ "暴怒"号的最终状态（1939年改装后）